智慧·教法·感悟

——中语名师课堂教学集锦（4）

陶继新 主编

图书在版编目（CIP）数据

智慧·教法·感悟. 中语名师课堂教学集锦. 4/陶继新主编. —福州：福建教育出版社，2017.11
ISBN 978-7-5334-7865-0

Ⅰ.①智⋯ Ⅱ.①陶⋯ Ⅲ.①中学语文课—课堂教学—教学研究 Ⅳ.①G633.302

中国版本图书馆 CIP 数据核字（2017）第 225704 号

Zhihui Jiaofa Ganwu
智慧·教法·感悟
——中语名师课堂教学集锦（4）
陶继新　主编

出版发行	海峡出版发行集团
	福建教育出版社
	（福州市梦山路 27 号　邮编：350025　网址：www.fep.com.cn
	编辑部电话：0591－83779615
	发行部电话：0591－83721876　87115073　010－62027445）
出 版 人	江金辉
印　　刷	福建壹度印刷有限公司
	（福州市晋安区健康村赤桥路 228 号　邮编：350012）
开　　本	720 毫米×1000 毫米　1/16
印　　张	15.25
字　　数	226 千字
插　　页	2
版　　次	2017 年 11 月第 1 版　2017 年 11 月第 1 次印刷
书　　号	ISBN 978-7-5334-7865-0
定　　价	35.00 元

如发现本书印装质量问题，请向本社出版科（电话：0591－83726019）调换。

目 录

序……………………………………………………陶继新 1

课堂实录
《念奴娇·赤壁怀古》课堂教学实录 ……………………韩　军 1
《文本解读与语文教师核心素养》讲座实录 ……………韩　军 26

听课回响
名篇遇名家，果有名堂 ……………………………安徽　夏黎明 32
嘈嘈切切错杂弹，大珠小珠落玉盘 ………………山东　赵建军 34

课堂实录
《乡愁》课堂教学实录 ……………………………………洪镇涛 37
《试谈"语感教学"》讲座实录 …………………………洪镇涛 42

听课回响
语言，语文教学之本 ………………………………内蒙古　耿玉峰 43
仰"涛"声，慕师心 ………………………………山东　葛　静 48

1

课堂实录

　　《雷雨》课堂教学实录……………………………………… 王　岱　51

听课回响

　　最是本真显风流 ………………………………… 福建　刘宗勇　85

　　清水出芙蓉，天然去雕饰 ……………………… 山东　徐　伟　89

课堂实录

　　《春望》课堂教学实录……………………………………… 刘　霞　93

听课回响

　　吟诵　举象　联读 ……………………………… 广西　李佳桦　111

　　浅唱低吟，走进诗歌 …………………………… 山东　朱莲莲　114

课堂实录

　　《梦游天姥吟留别》课堂教学实录 ……………………… 黄玉峰　118

听课回响

　　一堂课，一首诗，还原一个真实的李白 ……… 山东　袁　丽　142

　　名家课堂如沐春风　大师风范激情飞扬 ……… 山东　丁丙双　144

课堂实录

　　《看云识天气》课堂教学实录 …………………………… 王　君　147

听课回响

　　我来问道无余话，尽在王君课堂中 …………… 河北　陈晓东　161

　　指点行云平仄起 ………………………………… 河北　黄志研　164

课堂实录

　　《四块玉·闲适》课堂教学实录 ………………………… 赵谦翔　167

听课回响

　　诗书丛里且淹留 ………………………………… 河北　马连成　195

　　语文原来是绿色 ………………………………… 山东　陈秀君　198

课堂实录
  《伟大的悲剧》课堂教学实录 ………………………… 孙鸿飞 200
听课回响
  诗意的生命灵魂 自由的率性道场……………… 黑龙江 王 豪 214
  匠心让天堑变通途……………………………………… 山东 李 靖 217

课堂实录
  《窗》课堂教学实录 ……………………………………… 程 翔 220
听课回响
  语文课堂必须真探究，才能提升学生思维能力……… 福建 庄美珍 227
  简约本真，谓之大成…………………………………… 安徽 李莉萍 230

序

  这本书是"第八届名家人文教育高端论坛暨名师课堂研讨会"（中学）主体内容的结晶，也是应广大与会人员的要求结集成书的。

  人文教育，是将人文精神通过教育活动、环境熏陶等方式和途径，内化为人的品格因素，实现对人的精神世界全面塑造的教育。它是关于健康人格塑造、人性境界与人生理想提升以及个人社会价值实现途径等方面的教育，目标是提升人的精神素养。德国语言学家威廉·冯·洪堡在《论人类语言结构的差异及其对人类精神发展的影响》中说道："语言反映了一种极为独特的追求，一个民族正是通过这种追求，才能够在语言中实现其思维和感知活动。"从这个意义上说，人们在语言运用与理解过程中所形成的语言文化，是语文内容的人文精神所在。语文教学即以此为前提，在师与生之间承载着语言知识与文化积淀的交融，践行着生命主体间的情感交流与思想对话。此之谓语文教学的人文性。正是基于这样一种思考，连续八年来，我们举办了"名家人文教育高端论坛暨名师课堂研讨会"。

当下语文教学人文性存在问题是毋庸置疑的，课堂上教师与学生的状态不佳，课堂教学的量与质存在问题，精神品质很难有效地形成。存在主义哲学家雅斯贝尔斯在《什么是教育》中明确说道："教育是人与人精神相契合，文化得以传递的活动。是人与人主体间灵肉交流的活动，包括知识的传授、生命内涵的领悟、意志行为的规范，并通过文化的传递功能，将文化遗产教给年轻一代，使他们自由地生成，并启迪其自由天性。"所以，教育是对人的灵魂的教育。正因如此，纵览当下学科体系，语文原应当是教师最爱教与学生最爱学的学科。因为孩子们可以通过阅读经典文学作品来体验生命的不同意义，一如英国青少年文学大师艾登·钱伯斯所说："每个作品所传达的，绝不是表面绚丽的文字或情节而已，而是其背后都蕴含了对生命的爱与期待。"然而，就是这样一门根本上来说是人类寻找精神之根的智慧之学与情感之学，在现实中却失语了。究其原因，语文教师是需要高品位的文化支持的，没有对经典文本的大量阅读甚至背诵，就不可能形成属于自己的优质语系。而现在一些语文教师，平时很少读书，特别是很少阅读与背诵经典文化，教学参考书成了他们必备之书，甚至成了教学的唯一依靠。结果，教起学来没有自己的思想，没有自己的语言，也没有生命的激情，只是成了教学参考书的传声筒。这样的教师，并不是说备课不认真，只是，没有文化积淀，只是鹦鹉学舌，教与学当然也就缺失了人文的色彩、生命的意蕴。更重要的是，教学若干年后，甚至连在大学里学到的一些文化也丢掉了。于是，上课不再快乐，也不会精彩，而是一种应付，甚至是一种痛苦。其实，更苦的是学生，他们不喜欢教师的课，可又要正襟危坐在教室里，迫不得已地听下去，而且从小学到高中毕业，整整十二年。于是，学习语文就成了一场又一场心力交瘁的苦役，非但无法形成真正意义上的语文品质，甚至连学生的心理也很难健康起来。

　　教师如何才能教得精彩？如何才能乐在其中？关键不是备课备到深更半夜，也不是将教参书背得滚瓜烂熟，而是用爱心与已有的文化积累，激活每一次教学。备课要备学生，这是一个不争的事实，可是，为什么在"名家人文教育高端论坛暨名师课堂研讨会"上执教的一些名师，此前并不认识当时所教的学生，课上得依然精彩纷呈？其实，人们一般所谈的备学生已经步入了误区。备学生并不只是认识了每一个学生，知道各个同学的名字，对他们的性格清清楚楚，它还有一个极其重要的元素，那就是真正了解学生生命的潜能，以及深埋在他们心中的对语文学习的无限渴望，特别是将这种潜能开发并满足学生的这种渴望，从而让课堂成为师生生命交互的快乐场。教师如果对这些问题一无所知地备学生，就只是一种表层的备课，根本没有抵达备课的高层境界，甚至有可能备得越认真，教得越不好。孰不知教育需要智慧，需要思考；教育需要人文，需要审视。"名家人文教育高端论坛暨名师课堂研讨会"的一些名师就用自己的智慧，很快激活了学生求知与乐学的内在需求，让他们感到学习语文原来还可以如此富有情趣，自己竟然还有如此之大的潜力。看来，不是学生不行，而是教师没有认识到学生的内在能量。当然，如果自己没有足够的文化储备与智慧能量，即使认识到了，也不可能触摸到学生那原本就很敏感的生命琴键。正如《论语·述而》对于师者的箴言："志于道，据于德，依于仁，游于艺。"可以说，教师自身的教育观念与文化积淀，才是激活学生生命的本质所在，才是学生课堂学习高质多量且又快乐的源泉。

　　"名家人文教育高端论坛暨名师课堂研讨会"一些名师的课堂教学，不只是当场激活了学生的思维，其中还有其他重要的因子。因为所有技巧的背后，都有一种深厚文化与大爱之心和谐而成的"道"的力量在活动。当然，这种

"道"也并不是一直处于隐藏状态，有时也显见于课堂教学的场景中。他们在课堂上的见机行事，以及处理突发事件的能力，往往是点燃课堂教学之火的最美妙的瞬间。这些瞬间其实恰若加拿大教育学者马克思·范梅南在《教学机智——教育智慧的意蕴》中所说的"机智"，它是一种"充满思想的行动和充满行动的思想"，它让学生及听课的老师感到妙不可言，惊叹其超越常人的智慧，以及学生智力超常发挥的不可思议。而这本书中的一些"课堂实录"，则生动地还原了这种精彩，从而让更多听过他们课的教师重温其中的生动场景，让未曾听过他们课的老师也能深入其中，品嚼其中的奥妙。然后，进行自我反思，再考虑如何"学而时习之"，让自己的教学起死回生，并焕发出生机来。

也许有人说，这本书中收录的9位名师，课堂教学风格不同，水平不一，但正是因为这种"起伏"与"节奏"，才有了"横看成岭侧成峰，远近高低各不同"的妙道，使读者在阅读的时候，才能各取所需地进行研讨，才能"化而裁之""变而化之"地形成自己的东西。

正是基于这种思考，在本书编排的时候，没有根据讲课教师知名度的大小排序，而是依据"第八届名家人文教育高端论坛暨名师课堂研讨会"（中学）上讲课先后的顺序编排的。先是某个名师的课堂教学实录，后面附以两篇当时听课老师所写的体会文章，称之曰"听课回响"。这些文字，也许更真实，更受读者欢迎。这一"创意"非我所想，而是来源于一线听课的教师。我深信基层教师是最有发言权的，也相信他们的"听课回响"有着不小的价值。

"第八届名家人文教育高端论坛暨名师课堂研讨会"（中学）除了上课的名师，还有一些教育名家的报告，质量非常高，影响非常大，但并未收入本书。至于如何将他们的报告汇集起来出版，我们将会认真研究并有一个理想结果的。

从2009年到2016年，"名家人文教育高端论坛暨名师课堂研讨会"已经办了八届，而且人气越来越旺，以至到了"人满为患"的地步。所以，万分感谢历届为我们会议上课的语文界的名师，也感谢众多参会的语文教师、校长和科研人员，以及支持他们学习的教育行政部门的领导。是他们让会议有了品质，有了影响，有了更好的发展前景。在此，作为主持举办这一会议的我，真诚地向你们说一声："谢谢了！"

作为"第八届名家人文教育高端论坛暨名师课堂研讨会"主办单位的中国教育报刊社宣传策划中心，在全国享有很高的威望，其"宣传策划"的意义之大是可想而知的；作为协办单位的福建教育出版社对会议给予了大力的支持，让会议拥有了更加丰富的精神食粮；作为承办单位的北京凤凰师轩文化发展有限公司，为办好会议作出了很大的努力，显现了高端会议的品质；而媒体支持单位《教师博览》杂志社、《基础教育课程》杂志社也一一送来了精神佳品。这不由得让我想起了《周易》中的一句话："二人同心，其利断金；同心之言，其臭如兰。"会议的成功，是一种合力的结果，也是一种共赢的事业。这本书的出版，则记载了这种合作共赢的美好。在此，一并表示深深的谢意。

2017年11月，又要举办"第九届名家人文教育高端论坛暨名师课堂研讨会"（中学），这本书将作为这次会议的会议材料赠送给每位代表，希望大家能够喜欢并学有所得。同时，同样要有"课堂实录"与"听课回响"结集出书，我们期待这一成果能有"更上一层楼"的品质。

这本书得以出版，福建教育出版社功不可没。作为在全国很有影响的教育类出版社，多年来一直是"名家人文教育高端论坛暨名师课堂研讨会"坚强有力的支持者。在市场经济大潮的冲击中，他们也不可能不关注出版的经济效益,可是,他们更注重社会的效益,这令我很是感动。不管是社长,还是主任,以及我所接触过的编辑,他们身上散发出来的,更多是社会担当精神,"以文会友"的真诚,以及视读者需求为生命的服务意识。这让我在对他们深表感激的同时,也自然而然地对他们有了一份敬意。我在福建教育出版社出过十几本著作,留存下来的,不只是文本成果,还有感情与精神的丰盈。而这本书尽管不是我的著作,我只是主编,可是,它依然为我与出版社之间架起了生命融通的桥梁。

我突然觉得,当感恩在我心里回旋的时候,我也就幸福起来了。

陶继新

2017 年 5 月 15 日于济南

·课堂实录·

《念奴娇·赤壁怀古》课堂教学实录
执教：韩　军

一、琅琅书声

师：咱们一起来读。

"大江东去"，一二——

（生齐读《念奴娇·赤壁怀古》）

师：读得十分整齐。但是，没有多少情绪，需要再读出情绪来。

（教师富有感情地示范读）

"大江东去，浪淘尽，千古风流人物。"

跟我读，好吗？"大江东去"，读——

生（齐）："大江东去，浪淘尽，千古风流人物……"

【PPT】

大江东去，浪淘尽，千古风流人物。故垒西边，人道是，三国周郎赤壁。乱石穿空，惊涛拍岸，卷起千堆雪。江山如画，一时多少豪杰。

遥想公瑾当年，小乔初嫁了，雄姿英发。羽扇纶巾，谈笑间，樯橹灰飞烟灭。故国神游，多情应笑我，早生华发。人生如梦，一尊还酹江月。

师：面对大庭广众，同学们还是有些拘谨。气势上，全体同学，还是比不上我自己一个人。老师，有停顿。大家要懂得停顿。停顿，出情绪。而且，声调不要很高。需要由低，来显示高、突出高、衬托高。

（示范读）这是低，还是高呢？低，然后停顿。然后再高。敢停顿，敢放低，才能突显后边的高。

（示范读）"大江……"，（停顿许久）"东去"。大家听，我一停顿，沉静许久，然后再突然读出"东去"，就特别地高亢，显示出起伏跌宕来了。咱们读这四个字，一二——

生（齐）：大江……东去。

师（继续示范）：大江……东去。

生（齐）：大江……

师：敢于许久、长时间停顿，尽管续不上了。（笑）但没关系，再来。

生：大江……东去。

师：非常好了。"浪淘尽"还是低，但是，它有一种强烈的喷吐。"浪淘尽……"，停，"……千古风流人物"。请读——

生（齐）：浪淘尽……千古风流人物。

师：非常好了，我不想再一句一句地给同学们去示范、去读了。你只要敢于停顿，敢于放低声音，然后，后边，就显示出了、突出了它的高。

师（深情示范诵读）：

故垒西边，人道是，三国周郎赤壁。乱石穿空，惊涛拍岸，卷起千堆雪。江山如画，一时多少豪杰。

遥想公瑾当年，小乔初嫁了，雄姿英发。羽扇纶巾，谈笑间，樯橹灰飞烟灭。故国神游，多情应笑我，早生华发。人生如梦，一尊还酹江月。（鞠躬）

（台下鼓掌）

师：读尾句，"故国神游……"，神思游荡在这里，似乎跨越千年万载，俯瞰千山万水，穿越古今中外、春夏秋冬。

"故国神游……"，请跟读——

生（齐）：故国神游，多情应笑我，早生华发。人生如梦，一尊还酹江月。

师：好了，我们师生并不熟悉。如果有时间，我会给大家专门上一整堂的朗诵课。朗读，不可能开课三五分钟内瞬间就学会的。

以上，这只是我们开课的一个小片段"琅琅书声"。

二、默默背诵

师：给大家一段时间把这首词背诵。已经提前预习了的，那么现在呢，再看一下，看是否会背了。

（生默默背诵）

师：好啦，抬起头来，不要看课本了，咱们目光看着前边、看着我，一起来背。"大江东去……"，一二——

（生齐声背诵）

师：嗯，很好，都已经会背了。时间特别紧张，我们不可能挨个检查了。相信大家，不会有人滥竽充数。已经是高中生了，如果每次背诵都挨个检查，那像检查小学生。并且，也可能出现这样的情况，就是，在个人宁静的时刻，其实你是完全背诵过了的。可是，由于面对大庭广众，众目睽睽，一时心情紧张，出现语塞，可能就突然背诵不了。所以，老师相信全体孩子们，在背诵上的诚恳。

三、品品字词

师：这首词，是宋代最著名的词作，也是苏轼本人的代表作。

（故意地）尽管，是苏轼这个大词人的代表作，可是，实事求是地说，毛病不少。我至少发现了三处毛病，这是老师独到的发现。

苏轼，那么伟大的词人，他的代表作，有没有可能有毛病？

生：有可能。

师：有可能。

第一句，"大江东去，浪淘尽，千古风流人物"。

长江滚滚的江水，向东流去，大浪淘尽了千百年来的英雄人物。

这里的"风流"二字，课本上说，就是……读一下——（指向一个男生）

生：英雄人物。

师：嗯，在注释几啊？

生：在注释三。

师：读一下。

生：风流人物：英雄人物。

师：风流人物，就是英雄人物。

所以，苏轼特别有才华，懂得的典故多，掌握的词汇特别丰富。于是这二字，就炫耀词汇了。

本来是"英雄"人物，他却不写作"英雄"人物，非得写成"风流"人物。这就是一个大毛病。普普通通的"英雄"二字，非得写成"风流"。希望大家注意，这是苏轼犯的第一个毛病。

我这还有根据，大家看一看。

【PPT】

滚滚长江东逝水，浪花淘尽英雄。

——杨慎《临江仙》

师：杨慎在《临江仙》里这么说，"滚滚长江东逝水，浪花淘尽英雄"。你看，杨慎这两句来自于哪里？（走向一个男生）杨慎这两句，从哪里变化而来？

生：苏轼的《念奴娇·赤壁怀古》。

师：从哪句变来的呢？

生：大江东去，浪淘尽，千古风流人物。

师：所以说，杨慎的《临江仙》这两句，多么朴素，不用"风流"，就实实在在地用"英雄"。我觉得，杨慎就超越了苏轼。

这是本词的第一个毛病。

同学们，同意老师的意见吧，同意不同意啊？（走向一个女生）

生（犹豫）：同意。

师：我看有点儿勉强啊。

生：我也不清楚。

师：你也不清楚？你得清楚。发表自己的意见。

（继续启发）大家试一试，"英雄"的音韵？

生：一声和二声。

师："风流"呢？

生：一声和二声。

师：都是一声和二声，同样的。韵，"流"和"雄"，一致。

苏轼非得舍弃"英雄"，用个"风流"。

"风流"也不是个好词儿啊，对不对？比如，现在我们说，"你这人太风流了"。苏轼在想做风流人物，这不好吧。他还炫耀词汇，对吧？（走向一个女生）是不是毛病？

生：是。

师（赞同的表情）：苏轼这算不算毛病？（走向一个男生）

生：我觉得不算。

师：（故意地）我不喜欢不同意见的学生。（台下笑）老师说了你就认真记，认真听，不要发表自己独到的见解。（做鬼脸）

生：……

师：（反问）真不发表不同意见啦？你觉得老师错在哪里呢？老师觉得自己说得非常有道理呀！

生：我觉得，他这个"风流人物"选在这里，会比那个"英雄"好。

师：好在哪里呢？你看它们在音与韵上都一样，"风流"还容易引起误解。

生：有个词叫"风流倜傥"嘛。

师：哦，风流倜傥，是什么意思？

生：更加有气质吧。

师：更有气质！是吧，更有气质。显得这个人，你看这小伙子，"山东大汉，风流倜傥"。说"英雄倜傥"好像是不大对。

生：嗯。

师：英雄，风流。区别在哪里？

生：他的气质。

师：内在的气质。好，说出一点来了。英雄是怎样的气质啊？

生：伟大。

师：伟大，那风流呢？"风流"不伟大？不比"英雄"更伟大？但是，这个风流有一点其他的意味。能说出来吗？（走向一个举手的女生）哦，你想补充，是吧？

生：我觉得应该多一点文质彬彬的感觉。

师："风流"，文质彬彬。这个见解了得，"英雄"就——

生：我觉得，"英雄"更带有的是粗犷的感觉。

师：粗犷，豪壮。

生：对。

师："风流"，有文质彬彬的一面。"英雄"呢，有一种粗犷与勇武的魅力。

生：对。

师：英雄，指的是粗犷、勇武的一面。风流，指的是文质彬彬的一面。你能告诉我一个成语吗？比方说，一个人既有文，又有武。

生：文武双全。

师：哦，文武双全。我问大家，"风流人物"，他有没有"英雄"的一面，也就是勇武、粗犷的一面？

生：当然也是有的。

师：也是有的，你能说出来吗？

生："风流"这个词语，感觉应该是又有文又有武。而"英雄"这个词语，似乎只有武的一面，没有文的一面。

师：她感觉"风流"也有武的一面，但是没说清楚。怎么有勇武的一面呢？你举一个例子，历史上的"风流人物"，也有勇武的一面，比方说我们这首词里面的人。

生：应该是曹操。

师：曹操，也属于风流人物吗？算不算？

生：算。

师：词里"一时多少豪杰"，"一时"就指"三国"，就包括曹操这个豪杰。曹操，这个风流人物，就有"勇武"的一面。对吧？还有谁，哪个风流人物也有勇武的一面？

生：周公瑾。

师：周瑜。周瑜他是一个专门写词作文的人呢，还是同时会指挥战争的人呢？

生：都会。

师：他都会？

生：哦，他应该会指挥战争，会打仗。

师：他会写文章吗？

生：不会，（再想，又补充）但是他应该写过，应该是会写的。

师：应该会写的。他会写文章，是吧？

生：是。

师：也就是，他有文的一面。"文武双全"。周瑜还有哪一面呢？

生：是个军师。

师：他是军师？

生：对。

师：就是比较聪明的吗？

生：对。

师：哦，头脑比较聪明。不光身体孔武有力，而且他的——

生：头脑也很机智。

师：他的头脑也很机智，这就叫"风流人物"了。这个意思，如果再用一个成语来说的话，不用"文武双全"了。

（生茫然）

师：他有头脑有智慧，能够用智慧，指挥战争。他也能冲锋陷阵，非常勇敢。（问另一个男生）

生：我想说，他是"有勇有谋"。

师：有勇有谋，文武双全，这是苏轼词里哪个具体的词语的含义呢？"英雄"这个词语，有没有这种特点，有没有这个含义呢？

7

生：有。

师：哦，"英雄"这个词语，是有勇有谋的，同时，也是文武双全的？我觉得也是啊。

生：对呀。

师：对呀！（台下大笑）所以说，又回到我的问题上来了。

老师觉得"风流"改成"英雄"，没有区别呀！"英雄"是有勇有谋，也是文武双全的。

生：但是，我觉得"英雄"可能多一点粗犷。而且，苏轼应该还是文气多一点，所以他风流倜傥。

师：孩子们，我问大家，比方说，关羽、张飞，他们是个英雄人物，还是一个风流人物？

生：英雄。

师：英雄。他们是否是风流人物？

生：不是吧。

师：为什么说关羽和张飞不是风流人物呢？

生：他们不是武将吗？

师：都是武将，也就是说他的智慧跟周瑜比？

生：要差。

师：要差，比诸葛亮呢？

生：也要差。

师：比曹操呢？

生：还要差。

师：还要差。关羽、张飞他们缺哪个方面的一点？

生：头脑。

师：头脑、智慧。他只有啥呀？

生：武力。

师：更多的是武力、勇猛的一面。冲冲杀杀的，是吧？

生：对。

师：好的，我们说到冲啊杀呀、冲锋陷阵、跟敌人搏斗、比力量、比勇

8

敢，这具体指的是哪一个词语啊？

生：英雄。

师：文武兼备、智勇双全，这指的是哪一个词啊？

生：风流。

师：风流。好的，我们想到周瑜，想到的他是一个风流人物还是一个英雄人物？

生：风流人物。

师：苏轼这首词它写的是关羽、张飞呢？还是写——

生：写的是周瑜。

生：周瑜。

师：想起周瑜，我们用个什么词去形容他才好啊？

生：风流。

师："风流"的含义是啥？跟"英雄"的区别在哪里？

生：风流，更有一种潇洒的感觉。

师：潇洒，还有呢？

生：文武双全。

师：还有呢？

生：更具有文人的一种气质。

师：哎呀，还有文人的一种气质。你说张飞、关羽有没有文人的气质啊？

生：没有。

师：没有。他们就只是勇猛顽强、冲锋陷阵、冲呀杀呀。所以说，这首词，苏轼，怀想的究竟是"英雄人物"，还是"风流人物"？

生：他想做风流人物。

师：想做风流人物，他是想做张飞或关羽，那种只会冲冲杀杀的、孔武有力的武将吗？

生：不想。

师：所以说，苏轼是怀想风流人物，欲做风流人物。因此这个地方，"风流"这个词语，改不改"英雄"啊？改不改？

生：不改。

9

师：刚才我说改成"英雄"，你们为什么都同意呢？改不改啊？

生：不改。

师：不改的理由是啥？

生：因为不改的话，可能会显示这个公瑾他更帅一点。

师（笑着说）：更帅这是一个，还有呢？

生：然后更具文艺气息。

师（点头赞同）：嗯。

生：然后更显示出公瑾的智慧，同时，还有他的勇敢。

师：智慧和勇敢，用一个词来说。

生：智勇双全。

师：还有呢？

生：有勇有谋。

师：文武兼备，对吧？这就叫"风流"，这个词语区别于"英雄"。

尽管这两个词语，在音韵上是一致的。可是，"英雄"只强调武的一面、勇的一面，没有强调智的一面、文的一面。而"风流"，既强调了武的、勇的一面，又强调了智的、文的一面。

可是，老师刚才说，杨慎"滚滚长江东逝水，浪花淘尽英雄"这两句，超越了苏轼，你们同意吗？

生：不同意。

师：不同意。其实他比苏轼的那一句减色了，意思狭窄了。杨慎用"英雄"，苏轼用"风流"。

毛泽东呢？他想做什么人物？

生：风流人物。

师：在哪里有？

生：在《沁园春·雪》中有。

师：你能说说是哪两句吗？咱们一起来背，一二——

生：数风流人物，还看今朝。

师：数风流人物，还看今朝。不是"数英雄人物，还看今朝"。就是有勇有谋、文武双全、文武兼备的。

所以说，用"风流"二字，这是不是苏轼这首词的毛病啊？

生：不是。

师：刚才，老师想把苏轼的"风流"二字，改成"英雄"，想说杨慎的词，超越了苏轼的词，算是老师犯了一个错。（学生会心笑，明白老师是故意犯错）

下面，我再指出苏轼的第二个错误，看老师说得是否正确。

第二句：故垒西边，三国周郎赤壁。

用"郎"字，来称呼周瑜，老师觉得过分调侃了，太轻蔑了，不庄重，太轻率。周瑜，公瑾，写成周郎，我觉得不尊重古人，不尊重风流人物，所以说"周郎"二字，应该改成"周瑜"，好不好啊？这个观点，老师肯定说对了！

一想起周郎来呀，用"郎"这个字，我就想起一首歌："小呀嘛小二郎啊，背起那书包上学堂"，这个"郎"字，像开玩笑、调笑呀。

生：我觉得，还是"周郎"比较好。

师：说出理由来，老师挺高兴。

生：我觉得，周郎，是因为上面说他才24岁，比较年轻。

师：什么时候24岁啊？

生：就是他打仗的时候。

师：哦，二十来岁。二十来岁应该叫"郎"，是吧？

生：对。

师：比方说，什么时候往往把男人叫作"郎"？

生：就是快到结婚的时候。

师：新郎！是不是啊？（台下笑）刚才我们提到"风流人物"？

生：能文能武。

师：嗯，长得怎么样？

生：帅。

师：嗯，比较帅。帅，我们就想起哪个词来？

生：郎。

师："郎"字，显得帅气。所以这个地方，是否改成"公瑾"，或者改成

"周瑜"呢？

生：不改。

师：她说得有道理吗？

生：有。

师：谁再给她补充一下？这个"郎"还能显示其他方面的意思吗？

生：我就是觉着这个"郎"字吧，显示出来周瑜比较年轻，突出了他的那些战绩。

师：年轻却指挥了一场——

生：特别厉害的大战。

师：大战，那可了得了。

生：就突出了周郎的才能。

师：他这么年轻，就有这么杰出的才干，太厉害了。

生：然后没了。

师：所以说，用这个"郎"字，衬托出他的智慧的全面、武艺的高强，他全部的才干、才能。

所以说，这个"郎"字呢，既年轻，又潇洒，还能显示出"年轻有才干"，太厉害了。

老师又错了吧。（学生们会心微笑）

下面呢，咱就这样，咀嚼词语。孩子们，咀嚼词语，欣赏诗词，就是像上面这样来做，置换、对比，我们才能欣赏到诗词的真正内涵。

"乱石穿空，惊涛拍岸，卷起千堆雪。"

看"乱石"，这里为什么写"乱石"呢？这是写战场啊。那么战场为什么非得写成"乱石"？（走向一个男生）

生：有人打过仗。

师：啊？

生：有人打过仗，把战场打乱了。

师：哦，打乱了。（台下大笑）就是说，山，长得是参差不齐，高低不平，那就是战争打乱了的。

生：对，对，都打得非常激烈。

（台下大笑）

师：它不是像我们和平时期的公园，那么整齐有序，它是打乱了的。

生：对，对。

师：孩子们，他说得大家都笑了，有没有道理啊？

生：有道理。（台下哄然大笑）

师：有道理。看见"乱石"，读者就想起战场。当时的炮火，尽管没有现在的核武器威力强大，但是却炸成了纷乱的石，山地一片乱石。这就是战场的旧貌，写出了战场的特色。

谁再告诉大家，这个地方为啥用"惊涛"？惊涛怎么解释？

生：我觉得，"惊涛"可以更加体现出战场的声势浩大。

师：哦，战场声威的壮大，是声音，是气势，"冲呀""杀呀"，千军万马，汹涌澎湃。这个"惊"繁体字怎么写啊？

（一女生举手）

师：去黑板上写一下。

（学生在黑板上写"驚"）

师：是经常写毛笔字的啊。（学生写完）你不要走。看着这个字，孩子，你给我解释一下，这个"驚"它的本意是啥呀？

生：应该是一个将军骑在马上，然后——

师：一个将军骑在马上？

生：对。

师：它是跟马有关的，但是呢它并不是将军骑在马上。这个就是惊马，马受惊吓，被惊扰、惊动了，明白吗？

生：嗯。

师：是受了惊吓，所以说这里你解释一下，"惊涛"是什么意思？

生：惊涛，应该是像受惊的马一样的波涛。

师：对了。像受惊的马一样，一个波涛又一个波涛翻过来、滚过去，波涛滚滚，汹涌奔腾。整个战场，激烈，热烈，壮烈，汹涌，有气势。

大家鼓鼓掌，谢谢这个孩子。所以说，这也是写战场的气势。

我们再看："千堆雪"。（故意地）怎么有雪花呢？一堆一堆的雪花，是什么意思啊？

生：这里的"雪"，是解释成像雪一样的浪花。

师：哦，原来不是雪啊，我以为是雪花呢。孩子们，这是雪花呢，还是浪花啊？

生：浪花。

师：（故意，恍然大悟）老师又错了。我以为这是下雪呢。

那么这里，卷起的浪花像雪，那样洁白。大家寻思一下，水花像雪一样洁白，表明，底下的水，是深，还是浅呢？

生：很深。

师：深。就是说，满江的水，就像煮沸的水一样，极深，在那里上下翻腾。战场也是这样的。

乱石，往高处写；惊涛拍岸，他往低处写。一仰望，看到"乱石"，高山；一低头，看到、听到"惊涛"。"千堆雪"，这就是往江水的深处写，写出壮阔与激烈。战场的气势，就描绘出来了。

接下来，下面两句就很自然而出了。大家一起来读。

生（齐）：江山如画，一时多少豪杰。

师：江山就像人画的画一样，那么秀美，那么壮美。

大家看第一句呢，它是一个广角镜——"大江东去，浪淘尽，千古风流人物。"

洞穿千古，词人苏轼仿佛有洞察宇宙的眼光，有上帝的眼光。然后，镜头再拉近，缩小到"三国"，聚焦到"风流人物"。

接着，拉近，聚焦到一个人身上，这个人是谁啊？周瑜。

这如画江山，这乱石惊涛，千堆雪，就是写景。这景，就是一个宏大的舞台，如此的壮阔，如此的壮观，如此的壮伟，如此的壮美。事业也壮伟，风流人物也壮美。

下阕该写什么了呢？孩子们，写完景该写——

生：写人物。

师：战场上，这个舞台铺好了，该谁上场了？

生：人。

师：这人是谁呀？

生：周瑜。

师：应该细致描写周瑜了。

四、想想缘由

师：他怎么写周瑜的呢？

老师可真的指出苏轼词的毛病了。这真的是苏轼的毛病。如果说，刚才是开玩笑，这里，就不是开玩笑了。

孩子们，这里写"周瑜"，一上来却写了"小乔"，这明显是一个败笔。为什么是败笔呢？

大家想想，写战场，写战争，写大战，这是男人的事情，还是女人的事情啊？

生：男人的事。

师：战争都是男人的事情。可是，这里呢，一上来，写战争，却写了一个女子。这就是败笔！

败笔表现在哪儿呢？因为，单纯写战争，苏轼他不会写呀，你以为苏轼那么能耐吗？如果他用文字单纯描写战争，单纯描写一群男人，让读者读来，太枯燥，太单调，太乏味，太没有意思，太没有情趣。于是呢，苏轼就写一个与战争不太相关的女子"小乔"。

这就叫做"战争不够，女人来凑；战争不够，爱情来凑"。

其实，苏轼这是违反规律的，战争的规律是，"战争啊，应该让女人走开"。战争虽然也离不开女人，比方说护士，但毕竟女子只是属于军队后勤部门的。战争，本质上，应该只属于男人。所以说，一些电影、电视、小说家，一写战争，不会写时，就写爱情，就写女性。这种不好的习惯，从谁开始的呢？就是从苏轼开始的。"战争不够，女人来凑；战争不够，爱情来凑"。所以，苏轼写赤壁大战，却写到了小乔，就是开了一个坏头。同意吧，孩子们？老师说得很有道理的。

生：不同意，我不同意。

师：你不能不同意。我不给你话筒了。（台下笑）

15

生：因为，当时大乔和小乔是非常有名的美女，她们分别嫁给了孙策和周瑜。小乔之所以能嫁给周瑜，肯定是因为周瑜是非常优秀的，以此来反衬出周瑜是一个文武双全、有勇有谋的人，也就是"风流"的内涵。

师：哦，他这样说，有没有道理啊，孩子们？

生：有。

师：也就是说，用她来衬周瑜的什么方面呢？

生：风流。

师：用小乔来衬托出周瑜的"风流"的一面。那么美貌的女子爱他，女子的眼光就是一个选择器，选择了周瑜这样的男人。小乔这么漂亮的女子，她喜不喜欢张飞那样的人？

生：肯定不喜欢。

师：那么女子一般喜欢？

生：帅。

师：帅的，那张飞也挺帅啊。

生：太粗鲁了。

师：太粗鲁了，哪里缺乏点东西？

生：脑子。

师：缺乏点脑子，还缺乏点啥？

生：气质吧。

师：气质，还缺乏点智慧，缺乏点文气，对吧？你补充一下。

生：我觉得，小乔应该也可以衬托出周瑜的风流、有勇有谋、文武双全的特征。但是我觉得，他这里面写小乔，也应该是包括了孙权那边的，就是吴国当时的权势的纷争吧。

师：也有这个道理，这就带出来他的背景故事。对吧，有道理。那么，既然写了小乔，来衬托出他是一个郎，什么郎啊？刚才我们说了。

生：新郎。

师：是个新郎，孩子们，他是一个新郎，有了小乔。那么，上阕，那个周郎的"郎"字，就怎么着了呢？有了小乔，"郎"字就落实了。

生：是。

师：就落实了，是个新郎呢，对吗？

生：对。

师：有了小乔，周郎、新郎的"郎"字就落实了，年轻潇洒，文武双全，有勇有谋，一个"风流人物"。

但是这里，真的有错！错在哪儿呢？

小乔嫁给周瑜的时候，是赤壁大战之前十年。也就是说，周瑜指挥赤壁大战的时候，已经娶了小乔十年了，他早已经不是新郎官了，如果勉强算作是"郎"，也不是"新郎"，而是应该叫"老郎"。结婚十年了，哪能还是新郎啊。小乔嫁给周瑜已经十年，也不应该叫"小乔"，她大约应该被叫"老乔"。

所以说，苏轼这里真的犯错了，他弄错了一个历史的事实。

"初嫁"就是"刚刚嫁"的意思，这里更错。周瑜指挥赤壁大战的时候，"小乔初嫁了"，也就是，小乔刚刚嫁给周瑜。这就错了！不是"初"嫁。十年了，怎么能够是"初"呢？

所以这个"初嫁"应该改成"出嫁"，出来的"出"字，才确切。"小乔出嫁"，"初"改成这个"出"。苏轼历史典故错了！

生：我觉得，苏轼在这里这么写是没有错的。"郎"不一定形容的是新郎。孙策，我们也称之为"孙郎"，那是因为他和周瑜有一样的才华和谋略。

师：（故作恍然大悟）哦，原来，不一定结婚的才叫"郎"。有没有道理啊？

生：有。

师：可是，他这里，小乔已经嫁人十年，苏轼却写她刚嫁给周瑜，苏轼错了吗？

生：我觉得，这里也是没有错的。小乔能嫁给周瑜就证明周瑜的确是一个有谋略、有智慧的人。那他的才华在赤壁大战中，也能同样发挥出来，所以周瑜他的确是一个有勇有谋的人，不一定说是——

师：不一定非得按照历史原貌。

生：小乔已经选择嫁给周瑜，就说明周瑜的确是有这种能力能让小乔去喜欢他的。

师：难道说，历史真实，就可以暂且不顾吗？不顾历史真实，肯定不对吧？所以，不应该写成"初嫁"，不是"刚刚嫁"，而应该写成"出嫁"，"出来嫁给"周瑜。

（学生一时困惑，觉得老师说的似乎有理）

师：我提醒大家，本文什么文体呢？

生：词。

师：词，属于文学作品。文学作品，跟其他的文体，比如历史事实的论文，不一样的地方在哪里？他写的是求实的历史论文吗？

生：不是历史论文。

师：那他写的是啥？词，是文学作品，是吗？

生：嗯。

师：文学作品，需不需要跟历史论文一样真实？

生：不需要。

师：文学作品《三国演义》，可以不可以虚构啊？

生：可以。

师：历史著作《三国志》，能虚构吗？

生：不能。

师：这就是区别了。苏轼的词，是相当于《三国演义》呢，还是相当于《三国志》呢？

生：《三国演义》。

师：所以说，这个地方，改不改这个"初"为"出"呢？不改有什么好处？改有什么不好？

生：我觉着，用"初"，能凸显出他当年在情场上很得意。所以，不改。

师：哦，不改，你再重复一遍。

生：不改，就能显示出他当年情场得意，就是说明他当时已经是"有勇有谋"的人了。

师：这个"初"字，表明，周瑜现在，赤壁大战时，似乎还沉浸在什么之中？他现在还在干啥？度什么？

生：度蜜月。

师：他似乎还在度蜜月呢，还在做新郎呢。所以说，我们拍一个电影，就拍成了小乔刚刚嫁给他，他第二天就指挥赤壁大战去了，这样算不算违背历史事实？可不可以这样拍电影啊？

生：可以。

师：可以。如果我们在历史课上，说周瑜昨天刚娶了小乔，第二天，他就去指挥赤壁大战去了。这样讲，对还是错？

生：这样不行。

师：这样就不行了。而文学作品是虚构一部分的。所以说这个"初"写出了什么？

生：刚刚。

师：刚刚，有什么作用？

生：就是——

师：（走向另一个男生）你说。

生：作用就是写出周瑜厉害。

师：厉害？还是我们刚才已经总结了。（走向一个女生）你来总结一下。

生：……

师："初"显出了周瑜怎样？起了一种什么作用呢？就是说小乔刚刚嫁给他，还在度蜜月呢，是吧，孩子们？还沉浸在蜜月当中，沉浸在柔情蜜意当中。

由此，又可以用第三个成语，除了文武兼备、智勇双全，同时呢，这个人有柔的一面，还有刚毅的一面。

生（犹豫）：刚柔并济，有这个词吗？

师：你再大声一点？

生：刚柔并济。

师：刚柔并济，这就叫"风流"。刚柔并济、智勇双全、文武兼备，这才是风流。

苏轼这一首词，就是在写"风流"。他写了一个风流人物周瑜，苏轼自己呢，又想成为"风流人物"。

"雄姿"，就写周瑜刚、勇、武的一面，"英发"就写周瑜柔、智、文的一面。"英发"就是见识卓越、谈吐不凡，这才叫"英发"。见识卓越、谈吐不凡，他就想雄姿英发，做"风流人物"。但是，苏轼此时年华老大，他能不能成为"风流人物"，还有没有可能成为风流人物？

生：可能。

师：有可能？是吧！可能性是大还是小啊？

生：小。

师：小，从哪里看出可能性小？告诉同学们，他当时年龄多大了？

生：47岁。

师：47岁了，可是指挥赤壁大战的时候，周瑜多大了？

生：24岁。

师：嗯，二三十岁，苏轼此时的年龄，是指挥赤壁大战时的周瑜年龄的两倍了。所以说，苏轼这个时候，还能不能做成"风流人物"？可能性大还是小？

生：小。

师：可能性极小了。所以说，"故国神游，多情应笑我"就是"应笑我多情"啊！谁笑我多情呢？周瑜！周瑜的灵魂还在"神游""故国"呢，他应该笑我多情："苏轼啊，你太多情了，满头白发了。"所以，苏轼这个时候呢，感觉到人生就像梦一样，最后呢，一尊还酹江月。

"故国神游，多情应笑我"，有两个解释，一个就是周瑜的灵魂在神游，周瑜在笑，笑苏轼是一个"多情"人。周瑜是"多情人"，他有柔的一面。"多情应笑我"，周瑜大概笑话我"苏轼"。"我"就是苏轼了。

另一种解释，周瑜这个"多情人"的"灵魂"在神游"故国"，他作为多情人来笑我。我苏轼在旧战场上思绪神游，人们笑我多情。

这两个解释，都能解释得通。所以说这首词呢（看屏幕）——

周瑜真是风流人物，

苏轼欲做风流人物却不能。

下阕，写人。

好了，下面我们再回到"琅琅书声"环节，再读全词，一二——

（生齐读全词）

五、变变语序

师：孩子们，这首词在情绪上是感奋的还是感伤的？回答一下。

生：感伤的。

师：感伤的，就是读了以后挺伤感的。

生：我也觉得是感伤。

师：感伤。

生：我觉得应该是感奋的吧。

师：感奋的，解释一下理由。

生：因为当时苏轼已经 47 岁了，可是他还在……就是已经生出很多华发，但是他还是想像周公瑾当年那样雄姿英发，说明他觉得自己还有希望成为风流人物。

师：嗯，老当益壮，干一番事业，成为风流人物，是一种向往和憧憬，是吗？

生：嗯。

师：嗯，很好。你觉得呢？

生：我觉得是感奋的。

师：还是感奋的。理由呢？

生：我感受到周瑜的有勇有谋，应该是感奋的。

师：嗯，他要做有勇有谋的人，他现在还不死心，尽管被贬谪在黄州。

那么这首词，到底是感奋还是感伤呢？有的孩子说是感奋的，有的孩子说是感伤的。

到底是啥呢？咱看一看。

（看屏幕）

第一句，咱对比一下，

"大江东去。"

"黄河之水天上来。"

大家看一看，这么一看，你发现哪个是感伤？哪个是感奋？

生：上面的是伤，下面的是奋。

21

师：嗯，主要是从哪个字上看出来？

生：一个是"去"字，一个是"来"字。

师：我们推敲，才能推敲出来，对比，才能对比出来。主要是从哪两个词对比出来？

去、来，黄河之水天上来，来，来，来，昂扬的。去，走了，离开了。好了，咱再变变语序。（看屏幕）"大江东去"，你再看，把它变换一下。江"大"但是"东去"，加上连词，看看，你看看老师加上怎样的连词、关联词？从哪里加？加上一个就是复句的关联词。

生："大"后面。

师：你加一加。

生：江大而东去。

师：但是东去了，是吧？

生：嗯。

师：然而，前面再加一个。

生：江之大，而东去。

生：虽江大，而东去。

师：但是它东去了，前面再加一句啊！"江大"前面呢？"大"前面呢？

生：虽江大，而东去。

师：江什么？江虽大，而东去。是吧？好嘞，江尽管大，虽然大，但是怎么着？却东去了。所以说你从这里看出来作者是感伤还是感奋呢？还是伤。江那么大，它都东去了，尽管洪水滔滔，尽管卷起千堆雪，它东去了，感奋还是感伤？

生：感伤。

师：好嘞，已经明白了。江"大"乎，大呀，"东去"也。尽管大，但是它东去。知道这首词到底是感奋啊还是感伤啊？明白了吧？

生：明白了。

师：表面上是感奋，实际上骨子里是感伤。再看这里。"千古风流人物"，人物尽管风流，可是怎么着了？可是千古了。人物尽管风流，可是浪淘尽了。感奋还是感伤？

22

生：感伤。

师：还是感伤。所以说，起头这一句它就是感伤的，感奋包裹着感伤。人物"风流"乎，"浪淘尽"也！人物"风流"乎，"千古"也！后边这两句，你看看哪些词也是感伤的？刚才老师发现了"去"是感伤的，"浪淘尽"是感伤的，"千古"也是感伤的。你再看这两句里面哪些词也是感伤的？把它颠倒一下语序，就把感伤读明白了。哪些词能看出感伤来？能看出来吗？还是下面这两句。

生：应该是"西边故垒"。

师：嗯，西边故垒。

生：然后就是"故垒西边"变成了"西边故垒"。意思就是西边垒起的，应该是西边垒起的旧城堡。

师：嗯。咱把这个句子，"三国周郎赤壁"，现在变成什么了？说说你那个，当谓语。你那个"故垒西边"当谓语。

生：周郎赤壁，故垒西边。

师：嗯，变成了故垒，变成了西边，变成了"人道是"了，人们都在这里传说的事，是不是又感伤了？好来，给这个孩子鼓励鼓励，这个发现太厉害了！（鼓掌）太精彩了！咱再看一看后边这两句，也有一个词，它是感伤的。"乱石穿空，惊涛拍岸，卷起千堆雪。江山如画，一时多少豪杰。"看哪些词、哪个词是感伤的？能看出来吗？哪个词你读出感伤来了？能读出来吗？

生：第三句。

师：你读一读，哪一个？

生：江山如画，一时多少豪杰。

师：诶，鼓励一下。尽管有那么多的豪杰，尽管江山如画，可是这些豪杰怎么着了？一时也。（看屏幕）这些呢，就是作者的感伤，骨子里的感伤，词的灵魂的感伤。咱们一块儿来读，一二——

生（齐）：三国周郎赤壁乎，故垒也，西边也，人道是也。

乱石穿空，惊涛拍岸，卷起千堆雪。江山如画乎，豪杰多少乎，一时也。

师：感奋啊？感伤啊？

生：感伤。

师：感伤。所以，感伤是它的主题，是它的主调。（看屏幕）它建立了一个宏大的舞台，立即推翻了它！它垒砌了一座七宝的楼台，即刻，它摧毁了！豪壮的、豪放的词，它营造了一种轰轰烈烈、热热闹闹的氛围，接着让它凄凄惨惨戚戚！那么就越读越读出了凄凄惨惨戚戚的感伤。它上演了一出惊天动地的大剧，马上令它戛然而止，曲终人别离。

"东去""淘尽""千古""一时"，推翻、摧毁它的，都是时间！时间，摧枯拉朽；时间，改天换地。人呐，在时间面前只有伤感，只有无奈，只有悲叹，只有早生华发、人生如梦。所以，它是感伤主义的作品，感伤是其核心，感奋是它的外表。感伤其里，感奋其表。下面我们连连字词。

六、连连字词

师：字词。找一找这首词用得最多的词，最多的字。词啊，最忌讳重复了，可是你看一看，玩味这首词，它的重复太多了，它却不怕犯忌。用了那么多的词，重复了那么多。哪个是重复的？重复最多的是哪一个词？"人"，是不是啊？

生：是。

师：几个啊？"人"这个字用了几次？

生：三次。

师：三次。还有哪个字重复？认为最多的，除了"人"，哪一个？

生："江"。

师："江"，读一下。

生：大江东去。

师：一个。

生：江山如画。

师：两个。

生：一尊还酹江月。

师：大家都找到了。他却不怕重复。大家看这个"江"，三处都用了"江"。我们把这三个"江"连起来，连连字词。大江东去。孩子们，你们告诉我，通过这一句，你们想到的是时间还是空间呢？

生：时间。

师：时间是吗？江山如画，你想到的是时间还是空间呢？空间啊，想一想我们这么年轻啊，多么想到瑞士去走一走，到贵州去走一走，把整个地球都看遍。江山如画嘛，这是空间。可是大江东去，这是时间。大家看"还酹江月"，这既不是时间，也不是空间。面对的是时间的无限和空间的无限的情况下，人的情绪。人有没有可能永恒活着？

生：没有。

师：人有没有可能看遍整个地球上所有的如画的江山，有没有可能？

生：没有。

师：因为人生如梦，人生短促，容易破灭，像梦一样那么短暂。所以，一起读——

生（齐）：还酹江月。

师：表达我的情绪。所以说，第一句写时间，这第二句江山如画写的是空间，面对江，人的无奈，写的是人。"时间"的无始无终，"空间"的无边无际和美丽无比，"人生"呢，它的凭吊、叹惋，时、空的无限，我们想起这两个字啊，叫"宇宙"。"宇"表示时间，不对，空间，"宙"呢，表示时间。这样的"大江东去"，写的就是宙；"江山如画"写的就是宇，广袤的空间；"还酹江月"写的就是人。我们再看全词，咱们一起来读。第一句写的就是"宙"了，第二、三句写的就是"宇"了，下面写的都是"人"了。咱们一起再读，一二——

（生齐读全词）

师：下面我们一起琅琅背诵。

七、琅琅背诵

师：大江东去，一二——

（生齐背诵全词）

师：下课！

生：老师再见！

师：同学们，再见！

《文本解读与语文教师核心素养》讲座实录

韩 军

【PPT】

深入、有创意把握教材的能力

教材不厌千回读，千读都有千回新。

深入地、有创意地把握教材的能力，就是把握我们课文的能力，把握文本的能力。因为在座的老师有的可能不是语文老师，所以我这里说的是，教材不厌千回读。实际上我们语文老师，应该是语文不厌千回读，千读都有千回新。就是这些老教材，我们需要反反复复地，就像读新书一样，读你千遍也不厌倦，读你的感觉像春天。但是我们很难做到，比方说读《赤壁怀古》，比方说读《老王》，比方说读《祝福》，比方说读《背影》。

《背影》写于1925年，距今九十多年。可是这篇课文，真的彻底读明白的，我发现还不是太多，偶尔有人读明白了，那些不明白的人还反对你读得明白。所以才出现了对韩军的《背影》解读的讨论。这就是牵扯到我们怎样理解文本的问题了。

我带着孩子们，先看这些字。

【PPT】

差使　狼藉　簌簌　蹒跚

交卸　奔丧　典质　赋闲

颓唐　琐屑　举箸　惨淡

情郁于中　　触目伤怀

孩子们一看，这些字都认识，我就问这个"交卸"，谁"交卸"了？爸爸"交卸"了"差使"，下岗了，这对爸爸是一个打击。"奔丧"呢，祖母去世了，对爸爸又是一个打击，他是儿子，他妈妈死了。"典质"是家里穷了，这个家穷了，所以说对他是第三重打击。学字词的时候，孩子们了解了父亲有三重打击。然后我再问孩子们，那么，朱家有几个人呢？一般的我们看《背影》，都会说这里是父子情深。就是一个父亲，一个儿子。其实我们认真去看，课文前后交代了四个人。孩子们找到了这四个人。大家仔细寻思，父子情深，为什么非得写祖母呢？可以不提她。大家寻思一下，为了表达父爱更单纯，它可以不提父亲；为了更表达中间这两个人的父子情深，也可以不提朱自清的儿子，不提这第四代人，为什么最后还要提他还牵挂"我"的儿子呢？也就是说写文章的人是无意识的，注意，是无意识的，他考虑的是朱家的家族啊，他考虑的是朱家的这个血脉，他的香火。我再说一遍，家族、香火和血脉。所以说《背影》写的是父子情深。作者是在家族、血脉、香火这个背景上来下笔的，这是无意识的，也是一种人性的表现，真切的人性的表现。他不像现在的高中生写父亲那么浅白。他是在香火、家族、血缘这样一个背景下来写的。所以说孩子们会发现这里有"两个儿子"。你看看，父亲，他也是刚失去妈妈的儿子。那么，这里呢，有两个父亲。朱自清呢，因为有了儿子他才有了父亲的身份，对不对啊？所以说这个父亲，这个儿子的存在，指朱自清有了三个身份的存在。第一个身份，他是父亲；第二个身份，当然他也是儿子，因为跟父亲关联；第三个身份，是他跟祖母的关联，他是孙子。一身三任。那么那个父亲呢，也差不多，他是儿子，也是爷爷，他还是父亲，也是一身三任。这是两代父亲。一个是顶梁柱的父亲、老去的父亲，一个是刚刚有了儿子的父亲。儿子才几岁，正因为他当了父亲，他有了父亲这种酸甜苦辣的体验，所以，他对自己的父亲才有了真实的体验，他才洒真正的泪。

这么一分析就会发现，这真的是写了朱家的血脉，朱家的家族。写了两个父亲、两个祖辈。一个曾祖母，两个孙子，三个儿子，四条生命。

已逝的这是奶奶，将逝的这是爸爸，壮年的这是朱自清，未来的这是朱自清的儿子，含苞欲放的。我说孩子们，你们会发现你们属于哪一种，你们十二三岁，你们也属于未来，含苞欲放的。好了，我说你们看韩老师属于哪一种？"韩老师，你属于壮年的。你年富力强。"我很高兴。然后呢，我就问孩子们，我都五十二三岁了，你们十二三岁，咱们差了四十来年，我还是壮年的吗？孩子们说："韩老师，你是将逝的。"而将逝是啥意思，就是快死的。我说孩子们，你们是永远活着的，你们不会死。孩子们也会争辩，孩子们说："老师，我们也会死。多少年以后，八九十年以后我们也会死。反正是韩老师你先死，我们后死。"我以为你们永远活着呢？"不是，我们也是活一天就少一天了。"活一天少一天离着死亡是越来越近，越来越远？"越来越近了。"哦，越来越近，活一天少一天了，还是即将死去的人，不是啊？你们也是将逝的对不对呀？"对呀，我们也是将逝的。"那么孩子们呢，就从这种表面上是开玩笑实际上是一个教学的设计的对话中会发现，所有的肉体的、躯体的生命啊，都是将逝的，这就是生命的必然，这就是生命的本质。我说，你们想过死吗？"想过。"现在想到了自己是看不见足球了，看不见春晚了，捞不着玩游戏了。我们是感伤的，我们是痛苦的，我们是郁闷的，我们是难受的。孩子们，我说朱自清说到死，这篇《背影》他是怎样的？朱自清是流泪的。流了几次泪呢？学生说流了四次泪。第一次泪水在哪里？孩子们找到了。"看见满院狼藉的东西，又想起祖母，不禁簌簌地流下泪来。"好了，这里流泪了。那么这里这个流泪，咱填一个字吧，祖母是怎么了？学生填了祖母"死"了。注意填的是"死"，这里解读文本啦。祖母"死"了。好，第二次流泪是这样的，"我看见他——"，大家看，这里我就不读了。

【PPT】

我看见他戴着黑布小帽，穿着黑布大马褂，深青布棉袍，<u>蹒跚</u>地走到铁道边，<u>慢慢探身</u>下去，尚不大难。可是他穿过铁道，要爬上那边月台，就<u>不容易</u>了。他用两手<u>攀</u>着上面，两脚再向上<u>缩</u>；他肥胖的身子向左微倾，显出<u>努力</u>的样子。这时我看见他的背影，我的泪很快地流下来了。

蹒跚地走到那里，慢慢探身下去，就不大容易了。攀着上面，向上缩，向左微倾，努力的样子，看到这里，"我"的泪水很快地流下来了。好了，再看一看，蹒跚、慢慢、攀着、不容易、向左微倾、努力、缩，填一个什么字？父亲怎么了？老师们，填一个什么字？老。学生们也是填"老"。也就是说你会发现，父亲老态龙钟，老得太快，作者不忍心他老，因而流泪。再重复一下，这是因老而流泪。是不是啊老师们？那么之前呢？是因为祖母死而流泪的，这两次流泪，都指向了死亡。因为，老也是死的渐进形式。他不愿意父亲老啊，父亲老得太快了，上下月台都不容易了，所以说他的泪水就来了。他还在憧憬父亲健步如飞，像一个小伙子，对吧？可是，现在父亲上下个月台都那么难，都那么蹒跚，所以说这个"老"实际上指的就是生命的脆弱。风烛残年、三重压力、三重打击，让他上下个月台就不容易了，一夜老去。三重打击让一个男人一夜苍老。所以说这些动词，指向的是不忍心父亲老啊，父亲老得太快了，父亲老得太早了，三重打击。

  第三次流泪，大家应该是知道的。父亲进入来来往往的人群，不见了，对吧？走进了来来往往的人群，找不着他了，"我"回来坐下，"我"的泪水又来了。大家寻思一下，看不见父亲了，为什么泪水又来了呢？这和前两次是相关的。第一次流泪是祖母死，第二次流泪是为啥啊？父亲老了。他坐在那里想父亲，越想越不吉利，三重打击蔫儿成那个样子了。父亲会不会？会不会？"我"不敢想。想啥呀？会不会遽然走啊？走向西天了？在人群里见不着他了，会不会在人间见不着他了？所以说这里我们填上一个字，父亲怎么着了？"走"啦，填一个"走"，老师们填一个"走"，担心他走向西天啊，其实不走向西天，见一次少一次了，"我"的父亲老得太快了，生命脆弱与短暂啊。第四次流泪，捧起父亲的信，读到这里，"我"的泪水又来了，"我"在泪水里看见父亲穿着黑布鞋……的背影。这个"这里"指的是什么呢？是为父亲在信中说"膀子疼，举箸提笔，诸多不便"，会不会流泪啊？读这句话会不会流泪呢？他不会流泪，对吧，尽管心里可能很难受，他也不会流泪。那么一切安好，他会不会流泪呢？他更不会流泪。哪里流泪了？"大约大去之期不远矣。"他流泪了，这是个真言。已经五十多岁了，父亲写这封信时56岁了。五十知天命，知天限。还有呢，前面写一日不如一日，是不是啊，一日不如一日。老来却如此的颓唐，所以大约大去之期不远矣，是说说而已还是真话呀？真话呀！

第四次流泪，父将怎么着啊？填两个字，什么呀？大去。"大去"还是死的意思。大家来看，祖母死了，父亲老了，父亲去了，父亲将大去。你告诉我哪一次不指向死亡？哪一次不是说的生命的脆弱和生命的短暂？作者因生命的脆弱和短暂而流泪呀！祖母、父亲，生命匆匆啊。所以，生命是坚强啊还是脆弱？生命是永恒啊还是短暂？他想让父亲坚强，祖母永恒，可是父亲和祖母都不会坚强和永恒，都是脆弱和短暂。这就是流泪的灵魂，流泪的核心。这篇文章的核心就是生命的脆弱与短暂。

孩子们，读吧："燕子去了可以再来，杨柳枯了可以再青，桃花谢了可以再开，但是聪明的你告诉我，我奶奶的日子、我爸爸的青春为什么一去不回来？有人偷了他们吗？那是谁？又藏在何处？他们逃走了吗？现在又到了哪里呢？我不知道他们给了我多少日子，我的手里渐渐的空虚了，我奶奶两万多日子没了，我爸爸一万多日子没了。像针尖上一滴水滴在大海里，没有声音，没有影子。我不禁头涔涔而泪潸潸了。"奶奶呀，"我"哭啊，爸爸呀，"我"哭啊，奶奶死得早、死得快，爸爸老得早、老得快呀，头涔涔泪潸潸啊。

《匆匆》和《背影》是姊妹篇，都写的是生命脆弱与短暂。生命匆匆，它是赞美父性，但是在喟叹生命的基础上赞美父性的。它写的是生与死，它喟叹生与死遽然的转换，这个基础上它喟叹父子情深，这是核心。生命的脆弱和短暂是这篇文章的核心和基础，是个底座。生命越脆弱、越短暂，父子才越情深。相处不到十年八载、十年二十年就走啊。如果父亲像恒星，他就不会愧疚，他孝敬还来得及，日久天长孝敬他，两年多不跟他说话，二十年不跟他说话，二百年不跟他说话还来得及，可是现在，父亲大约大去之期不远了，我两年多不跟他说话。所以说生命越脆弱越短暂，他就越觉得父子应该情深，越觉得父爱珍贵，愧悔就越深，内疚就越真。明白了吗老师们？如果不讲生命的脆弱与短暂，这篇文章你读不明白，你讲不明白，它是个根基，它是个核心。那么生命的脆弱与短暂来自哪里？就来自文章当中这句"大去之期不远矣"，这是个真言，真话。"我活不久了，儿子，你看看，还跟我两年多不说话。"老来如此颓唐，一日不如一日，东奔西走，没想到老来是这个处境，活不久了。儿子拿着信，觉得是真话哟，"我"爸爸来日不多了，回头跟他说话吧，拥抱爸爸还来得及。所以说他流的是真泪。这里有"三真"：这句话是真，朱自清觉得父亲活不久是真，流的泪是真。

　　第二次流泪，还是因老而流泪，对吧？因老而流泪，他并不是因父亲买橘子而流泪。有人说，是因难而流泪，因父亲上下月台困难而流泪，其实是因老而流泪。那么我们来看因父亲买橘子而流泪，对还是错呢？咱们来看一看，他对父亲买橘子是不是感动了呢？买橘子并没有感动他，他对买橘子是讨厌的。父亲买橘子，他不但不感动，反而是讨厌的。咱们来看，看前边，他怎么讨厌父亲？买橘子之前发生的事情。A：照看行李；B：行小费；C：讲价钱；D：送"我"上车；E：给"我"找座位；F：嘱"我"小心；G：嘱托茶房照看"我"。A、B、C、D、E、F、G，看明白了吗？这七件事，朱自清是什么态度啊？烦、反感，哎呀，烦、烦，我行，我都行，你非得给我干这个，快走、快走、快走。当爸爸做了A的时候，爸爸你千万不要做B；当爸爸做了B的时候，哎呀，你千万别做C了；当爸爸做了C的时候，爸爸你千万不要做D了。爸爸老是不看眼色，爸爸做了D的时候，他说你不要再做E了；做了E的时候，千万不要做F了；做了F千万不要做G啦，做了G你千万不要再做H了。是不是啊？如果再做H就是压弯骆驼的一根稻草了，他会发怒了。爸爸做没做H呢？做没做？H是什么？（台下老师说："买橘子。"）所以说买橘子是感动呢还是讨厌？讨厌。做完了你该走了吧，嘱咐完了茶房，你该走了吧。还不走，还不走，"我"要去买橘子。那么这个买橘子，他应该说了爸爸怎么着啊？忍无可忍，他说了一句，说了句啥？记得吗？说了一句啥呀？"爸爸，你走吧。"这句话怎么读？表面上很客气，"爸爸，你走吧。"内心里，"爸爸，你走吧。"（无奈，忍无可忍）"爸爸，你走吧。"表面上是这样的："爸爸，你走吧。"（恭敬）所以说买橘子感动他还是烦啊？烦他，烦他。可是我们几十年来一直说是因买橘子而感动，或是因父亲上下月台不容易而感动。都错了。接下去解读文本你会发现，老师们，你们看看，他是因老，因生命的脆弱、短暂而流泪。如果是因买橘子而感动，老师们，举个例子，这足以把这个因买橘子而感动推翻。比方说，这个父亲不是买橘子去，或者是父亲买橘子去，可能他没看见。（背对台下坐着）朱自清是这样的，没看见父亲买橘子去，背对着父亲，父亲在那边买橘子。父亲买完橘子就过来了，也上下月台攀着上面就来了。"来，儿子，吃橘子。"放在这，他应该怎么着啊？应该流泪了吧。那么老师们，你们看，以前大家说因他看见了父亲去买橘子，上下月台不便才流泪的。那么假如父亲不是买橘子，父亲说"我去上厕所"，厕所在那边呢，得上下月台。父亲也得慢慢探身、蹒跚、不容易、缩、攀着、向左微倾、努力，他会不会流泪啊？会不会？也会流泪。如果父亲是这样，"儿子你坐这，我就走了哈，我得买几个橘子自己吃。"不回来啦，到那边去，他还得攀着上面，慢慢探身下去，向左微倾。他会不会流泪啊？还会流泪。所以说并不是父亲为我买橘子而流泪，而是这里流泪的原因是父亲老了。所以说这篇文章呢，从头到尾它的核心就是生命的脆弱与短暂，就是在此基础上的父子情深。好了，因为时间关系，我就讲到这里。谢谢老师们！

·听课回响·

名篇遇名家，果有名堂

安徽省合肥市第四十一中学　夏黎明

不止一次赏观韩军老师的课。每每沉浸其中，赏其开阔，感其深邃，甚是钦佩，深为折服。此次名家人文教育高端论坛，韩军老师呈现的《念奴娇·赤壁怀古》，亦是叫人拍案叫绝。课前，主持人卢红伟说："当名家遇上名篇，会给我们演绎怎样的精彩，带给我们怎样的心理共鸣呢？"课后，我想回答的是："名篇遇名家，果有名堂。"这里撷谈一二。

一、因声求气。

曾国藩曾说："如《诗》《书》《易经》《左传》诸经、《昭明文选》、李杜韩苏之诗、韩欧曾王之文，非高声朗诵则不得其雄伟之概，非密咏恬吟则不能探其深远之韵。"姚鼐亦云："大抵学古文者，必要放声疾读。"他们强调读文章尤其是读古文诗词需要大声朗读，因声求气。唯其如此，方能"烂熟后，我之神气即古人之神气"（刘大櫆《论文偶记》），"使我之心与古人之心祈合于无间"（张裕钊《与吴父书》）。韩老师的课，以"琅琅书声"开启，又以"琅琅书声"收束，中间同样以"琅琅书声"承转。其间还有老师对学生耐心具体的指导——敢停、敢低，和在老师指导下的学生的诵读，更有韩军老师一贯的极具感染力的示范朗诵。三次"琅琅书声"既使教学具有呼应之声，又让课堂荡漾回环之气，且不断地将学习引向纵深。

朗读——诗歌教学的不二法门。

二、披文入情。

清朱庭珍在《筱园诗话》中说："诗义所以尚文外曲致、思表纤旨也。"那么，诗中的"曲致""纤旨"从何而得呢？刘勰《文心雕龙·知音》中有言："夫缀文者情动而辞发，观文者披文以入情。"韩军老师在"品品字词"和"想想缘由"环节，从"文"入手，披文入情，引导学生辨"风流"与"英雄"之异，又辅以对"周郎"的"郎"、"初嫁"的"初"的辨析。"沿波讨源，虽幽必显。"学生终于体会到："风流"一词既有"刚、勇、武"的一面，更具"柔、智、文"的一面，刚柔并济，智勇双全，文武兼备。更在此基础上悟得，苏轼是怀想"风流"，欲做"风流"。真可谓"着一'风流'，尽得风流"。又通过对"乱""惊""千堆雪"的品赏，让学生感受到苏轼笔下如画之景的"壮阔、壮伟、壮观、壮美"。此处，韩老师紧扣诗歌语言，"拈精取要"，在赏词析句中直抵苏词意境，实有"四两拨千斤"之效。

语言——语文教学之要义所在。

三、循文按义。

《毛诗序》有言："诗者，志之所之也，在心为志，发言为诗。"方玉润在《诗经原始》自序中说道："虽不知其于诗人本意何如，而循文按义，则古人作诗大旨要亦不外乎是。"意思是从文本字句的阅读考查中获得对诗歌的理解，对诗人"始意"的理解。《念奴娇·赤壁怀古》向来被视为豪放词的代表之作。然而，课堂上韩军老师未止于此，问道："这首词是感奋的还是感伤的？"于是，通过"变变语序"——江大乎，东去也；三国周郎赤壁乎，故垒也，西边也，人道是也；江山如画乎，豪杰多少乎，一时也……让学生感受到这首词感奋其表，感伤其里。又通过"连连字词"——三个"江"字句："大江东去""江山如画""还酹江月"，引导学生体会全词由"宙"（时间）、"宇"（空间）归结到"人"，词的主旨是慨叹时空皆有限，是对人生的凭吊、叹惋。至此，使得千百年来的豪放之词更添了柔情和伤感，更为丰满，愈加斑斓。试想，韩军老师若无丰富的学养，深厚的功力，岂能将文本解读得如此深透？

解读——语文教师的立身之本。

纵观整堂课，探幽索隐，举重若轻：琅琅书声，因声求气，尽显词之气势；品析字词，沿波讨源，尽得风流之韵；变语序、连字词，循文按义，愈见邈远深邃。"风流""周郎""乱石""惊涛""初嫁"——诗歌解读可谓潜心钻研；"品品""想想""变变""连连"——课堂实施可谓匠心独运。教育家陶继新老师认为："只有道术兼修，方能抵达高效的境界。"就此课而言，韩军老师既具"形而上者"，又有"形而下者"，统之以道，施之以术，"化而裁之"，"推而行之"，自能"变而通之以尽利"。

吾辈当自省。

嘈嘈切切错杂弹，大珠小珠落玉盘

山东省齐河县第四中学 赵建军

"嘈嘈切切错杂弹"指韩老师的课堂掌控，"大珠小珠落玉盘"指学生和听课者的收获。

听韩军老师《念奴娇·赤壁怀古》一课，真是受益匪浅。

韩军老师这节课抓住课文的重点和难点，以"疑"为线，使学生在读中感悟，在辨中理解。课堂张弛有度，调控自如，有一个又一个的闪光点，让人有目不暇接之感，借用白居易的一句诗，真是"嘈嘈切切错杂弹，大珠小珠落玉盘"。

课堂开始韩老师就以他的吟诵赢得全场掌声,听者无不如醉如痴。我想:每一个语文教师都应该练就一身过硬的诵读基本功,用自己的读影响学生的读。真正好的作品是读出来的,特别是古诗文的教学,没有抑扬顿挫、声情并茂的读就无法体会作者的情感。

顾颉刚在《怀疑与学问》中这样写道:"我们不论对于哪一本书,哪一种学问,都要经过自己的怀疑:因怀疑而思索,因思索而辨别是非……孟子所谓'尽信书不如无书',也就是教我们要有一点怀疑的精神,不要随便盲从或迷信。"韩老师正是从培养学生怀疑精神出发,以"疑"为线,贯串全文。

一疑:诵读之后,韩老师故意说苏轼词虽写得好,但自己却发现了几处毛病,应该把"风流人物"换成"英雄人物",问大家可以不可以?引导学生理解在苏轼的心中"风流人物"不同于"英雄人物"。"英雄人物"只让人们想到了英勇顽强、刚毅果决、坚韧不拔,像张飞那样有着一种豪气,一种气概。而苏轼心目中所敬仰、所向往的,是周瑜那样刚柔相济、文武双全、有勇有谋的"风流人物"!

二疑:韩老师又引导学生分析"周郎"一词是不是显得不够尊重,改为"周瑜"合适吗?师生间经过生动有趣的交流,在活跃的课堂气氛中,学生却经过了多次的思考,得出了正确的结论。学生明白了"郎"更显现了周瑜的年轻、潇洒,体现了苏轼用词的缜密。

三疑:分析"赤壁"的景观时,韩老师抓住作者为什么用"乱石""惊涛""千堆雪"来写景,引导学生分析得出"乱石穿空"是从形的角度写的,写出了石头那种奇形怪状,那种参差交错。只有这样来写石头,才能写出战场的景观特点。"惊涛拍岸"是从声音的角度来写。让学生写出"惊"的繁体字"驚",明白这里是"惊马"的意思,如惊马一样的波涛,拍击着岸边,非常凶猛,非常暴烈,翻江倒海,这是一江怒涛。"乱石穿空"是仰视,"惊涛拍岸"是俯视。而"卷起千堆雪"是往深处写,写颜色。穿空、惊马一样的波涛、浪花如雪,都是往极处写。这样,由岸边到江面,由江面到大江深处,"赤壁"古战场的雄伟、壮丽、波澜壮阔的画面就形成了。学生真切感受到了赤壁雄奇壮阔的景物,陡峭的山崖散乱地高插云霄,汹涌的骇浪猛烈搏击着江岸,滔滔的江流卷起千万堆澎湃的雪浪,把学生带进一个奔马轰雷、惊心动魄的奇险境界。这样壮丽的景观，使学生真正了解了"壮词"的特色。

四疑："一时多少豪杰"是对下阕写人的开启。韩老师又提出他的见解，这样一首壮词却用了"小乔初嫁了"这样的句子，苏轼是不是犯了"战争不够，女人来凑"的毛病？在师生的交流，智慧的碰撞中，学生感受到了周瑜的意气风发，风姿潇洒，韶华似锦，年轻有为，令人艳羡；感受到了周瑜的"刚、勇、武""柔、智、文"。真正的"雄姿英发"，是真正的"风流"！

五疑：再次的琅琅书声之后，韩老师提问：作者的感情是感奋还是感伤？韩老师引导学生做了几次语序的调整，"江再大，也东去。江大乎？东去也！"人物"风流"乎？"浪淘尽"也！人物"风流"乎？"千古"也！"多少豪杰"乎？"一时"也！这是感奋还是感伤呢？在一次次的语序调换中，学生走进诗人的灵魂深处，明白了是时间摧毁了一切，这是一篇感伤的作品。感伤是核心，感奋是外表；感伤其里，感奋其表。

六疑：最后，韩老师引导学生分析，苏轼这个写词高手，却不顾写词的最大的忌讳，用了三个"江"字的原因。"大江东去""江山如画""还酹江月"三句写出了人在无始无终的时间和无边无际的空间面前是如此的短暂、渺小，只能凭吊、叹惋，只能"还酹江月"。

课堂在琅琅书声中结束了，整节课韩老师与学生密切合作、探讨，一步步走进作品，一步步走进诗人的灵魂深处，真是珠玉满堂，显示出的教学艺术，令人叹服。

·课堂实录·

《乡愁》课堂教学实录

执教：洪镇涛

师：我们今天学习台湾著名诗人余光中的一首诗《乡愁》。请大家推荐一位朗读最好的男同学把这首诗读一读。

（学生推荐，一男生起立朗读）

师：读得不错，还没有学习，就读成这样，确实读得好。女同学读得好的是哪一位？站起来，给大家读一读。

（一女生读）

师：读得不错，清楚。也有一定感情。当然，要读得很好，还要深入读。

（教师范读。掌声）

师：刚才听同学读了两遍，我读了一遍。你们感觉，在读这首诗的时候，语调应该是明快的还是深沉的？（生齐答：深沉的）节奏应该是急促的还是舒缓的？（生齐答：舒缓的）语调应该是深沉的，节奏应该是舒缓的。（板书。语调：深沉　节奏：舒缓）

为了帮助同学们理解这首诗，我想提几个问题请大家思考。

问题一：这首诗一共有四个小节，大家觉得它们之间的顺序能够改变吗？

生：不可以！

师：请说说理由。

生：这首诗好像是按照从小到大、按时间顺序来写的。

师：你怎么知道是按时间来写的？

生：每一小节的开头都有一个时间的标志。小时候；长大后；后来啊；而现在。标志明显。

师：还有没有理由？

生：我觉得是按照比喻的事物由小到大排列的：邮票、船票、坟墓、海峡。

师：作比的事物按由小到大排列。她发现这个特点。这好像也是存在的。看看还有什么顺序？

生：我觉得感情方面是层层递进的。

师：它是怎么层层递进的？

生：先是对母亲的想念，那个时候母亲还在人世；然后是对新娘的爱恋；后来是对母亲离去的悲痛。我觉得第一段也为后面做了铺垫，借用这一段来抒发感情，因为大陆也是他的母亲。从这个角度看，是无法改变顺序的。

师：她发现了这样一个感情发展的顺序特点。大家同不同意？

生：同意！

师：我顺便介绍一下余光中。

他是大陆人，祖籍福建。21岁离开大陆到台湾，台湾大学毕业又到美国进修。回来之后，他先后在台湾大学和香港大学当教授，从20世纪60年代开始写了很多怀乡诗，这首诗是20世纪70年代写成的，据他说，写这首诗酝酿的时间很长，真正写的时候只用了20分钟。原来，第一小节，写他小时候，读寄宿小学，不能每天回家，想念母亲，母子之思。长大后结婚了，到美国进修，当时大概航空不发达，来回需坐船，借助船票回家探亲，夫妻之恋。后来母亲去世了，生死之别。最后，是关怀祖国的统一，是对祖国的情感，是感情的升华，从个人的情感升华到对祖国统一的关切，对祖国的眷恋。这一点，他也说过：我后来慢慢意识到，我的乡愁应该是对包括地理、历史以及文化内容的整个祖国的眷恋。

师：同学们的水平很高，回答问题很好！

问题二：第四节中。"乡愁是一湾浅浅的海峡"，我觉得"浅浅的"用得不好。我想改为"深深的"，好吗？

请看，我这样一改就强调了台湾跟大陆隔离的状况，大家赞成不赞成？赞成我的举手。（一个也没有）不赞成的举手。哟，百分之百。那么你们说说理由，要说服我！

生：因为"浅浅"的海峡，比喻可以逾越的一种希望。作者的希望是有一天台湾可以回归！

师：回归？

生：台湾回归到祖国母亲的怀抱！

师：特别地纠正一下，"回归祖国怀抱"说法不妥。香港、澳门被外国人占领了，后来回归到祖国的怀抱。台湾曾经被日本人占领，抗战胜利后，已经回到祖国的怀抱，现在还是中国人在掌权呢，不是外国人，台湾与大陆是"统一"问题，不是"回归"祖国怀抱的问题。明白吗？这句话说得不妥当。但是，她表达的意思很好，觉得用"浅浅的"，祖国统一就有希望。

生：我觉得这是一种反衬方法，前面"小小的、窄窄的、矮矮的"都是反衬。"浅浅的"，反衬出那代人对回归祖国的乡愁的深度。

师：用"小小的、窄窄的、矮矮的、浅浅的"反衬作者乡愁之浓、之深。还有没有？你们开始说服我了。确是"浅浅的"好像更好，不仅是跟前面的用词取得一致，还说明台湾、大陆本来就没有不可逾越的鸿沟。现在的分裂完全是人为的原因造成的。大陆和台湾一定要统一，一定会统一。

问题三：我总觉得这首诗表达的意思较为含糊，诗人内心的思想没有明确地表达出来，我改写一下，大家评一评怎样：

小时候，乡愁是对母亲的思念，我在这头，母亲在那头。

长大后，乡愁是对爱人的恋挂，我在这头，新娘在那头。

后来啊，乡愁是对亲人的哀悼，我在坟墓外头，母亲在坟墓里头。

而现在，乡愁是对祖国统一的渴望，我在这头，大陆在那头。

师：怎么样？洪老师改得怎么样？

众生：不怎么样。

师：我觉得还挺不错的。那你们说说怎么"不怎样"？（指后排学生）来，那个同学。

生：改过以后，感觉这首诗显得很浅显，不像原来那么有韵味，很难得到感情上的共鸣。

师：我觉得我改得不浅显，还没有说服我。还有谁说说？

生：我觉得原诗表达得更为婉转，让读者更能体会作者深深思念的感情。改写后，虽然也有感情，但是少了那种耐人寻味的东西。

生：余光中用四种事物表达自己内心的情感，而洪老师直接说出对乡愁的思念，这样不耐人寻味，意思太直接了。如果用比喻的方法，更能让读者深刻地体会到那种思念的情感。

师：现在差不多能说服我了。他说余光中借用了四个事物，耐人寻味。老师直接说出来了，反而不耐人寻味。

生：我说的和他们说的差不多。因为诗本身就是一种韵味，用直白的手法写出来就不叫诗了。而且用比喻的手法，会更深刻。

师：诗歌这种文学作品，越含蓄、越形象就越好，直白就不是诗了，这是诗歌的特点。是的，我的改句太直白了。刚才那个男同学说得挺好，原诗借助了四个具体的事物，来寄托作者的乡愁，显得特别的形象，特别含蓄婉转、耐人寻味，这确实说服我了。

问题四：还有一个问题：每一段第二句都有一个"是"，把所有的"是"全改为"像"，"乡愁像一枚小小的邮票""乡愁像一张窄窄的船票""乡愁像一方矮矮的坟墓""乡愁像一湾浅浅的海峡"，行不行？为什么？

生：老师上课前说过，作者写这首诗是酝酿了很长时间的，如果改为"像"就感觉作者好像对这种情感不是特别深刻，可实际上，作者是被这种情感困扰了很久的。所以我认为用"是"更好一点。

师：这个没有说服我。"是"就深刻，改个"像"就好像不深刻，这个好像没有道理。谁再说？

生：我觉得改为"像"给人置身事外的感觉，用"是"就是把所有的感情都寄托在邮票上、船票上、坟墓上和海峡上。

师：也没有说服我。可能这个问题有点难。大家想想，有时"是"是可以改为"像"的：

"我是一只小鸟"和"我像一只小鸟"是相通的。"小时候，乡愁是一枚小小的邮票"，"乡愁"跟"邮票"有相似关系吗？有没有？有哪些地方相像，是不是个比喻呢？这里不是比喻，其实是个省略句。应为"小时候，乡愁是寄托在一张小小的邮票上的"，这里不能改，不是暗喻。注意这一点，大家要朗读好，作者的感情发展是有层次的，要读出这种层次来。

请刚才这个女同学来读。

（女生读）

师：不错，基础很好，但是还没有突出，特别是第三小节。（师范读第三节，并且解说作者很悲伤。师反复吟咏第三节的"我在外头，母亲在里头！"然后让学生自己读全诗，要求放声读，各自读自己的，不要齐读）

师：再读几遍，背诵下来。我要检查。

师：会背的请举手！

（两女生分别背诵）

师：不仅背得准确，而且朗诵得很好。下课！

《试谈"语感教学"》讲座实录

洪镇涛

今天的课,我称之为"语感教学课"。语感是一种语言修养,是对一种话语系统的敏锐感觉。它是在长期规范的语言感受和语言运用中养成的一种,带有浓厚经验色彩的,比较直接迅速的感悟语言的能力。

长期以来,语文教学领域存在着一种怪现象:我们经常把语文课教变了味儿,或者教成了历史课,或者教成了政治课,或者教成了科普课,唯独不是语文课。我们都热心去种别人的田,却荒了自己的地。这个问题到今天一直没有得到解决。

语感教学的主要手段是实施语感训练,语感训练包括两个方面,一是语感实践,二是语感分析。语感实践,就是指导学生感受语言材料和运用语言,也就是要让学生多读、多听、多背、多说、多写成套的语言。这是语感形成的基础。但是,仅有语感实践是不够的。为了使学生由无意识的自发状态提高到有意识的自觉状态,还需要语感分析,即分析语言的运用,也就是在语境中品味语言:这句话为什么用这个词;这里为什么用这个顺序而不用那个顺序;为什么用这个材料而不用那个材料等等。语感教学还要注意把握四个"结合":语感训练与思想教育结合,与思维训练结合,与审美陶冶结合,与语言知识传授结合。

我今天的课就是按照这一意图进行的。首先重视读，不但要反复读，而且还要背。在此基础上，对语言进行琢磨，这就是语感分析。"四个结合"也有体现，不搞架空分析，不是大讲一通时代背景，不是大讲一通祖国统一，但学生还是感受到了余光中那种热爱祖国、希望祖国尽早统一这样一种情感思想。课堂上我提出的几个问题，除了第一个问题的"时间顺序"比较容易，其他都不容易，需要动动脑筋。这就是与思维训练的结合。此外，对诗歌的欣赏，读出美感来就是一种审美。至于语文知识传授，我今天也传授了一点——在本诗中"是"不能改为"像"，"是"在这里不是暗喻。

语感教学要运用多种方法，我们主要运用四种。

1. 美读感染法。"读"是语文教学的第一教学法，抓住了读，就抓住了语文教学的要领。不能把思想情感读出来，不能把美感读出来，这样的语文教学，能说成功吗？

2. 比较揣摩法。就是"加一加、减一减、调一调、联一联、换一换、改一改"。采用这些办法，对文本的标点、字词、句子、段落进行"加、减、调、联、换、改"。设置一个参照物，让学生在比较中体味语言运用的妙处，进而培养语感。今天采用了这个方法。

3. 语境创设法。根据教学需要，创设特定的言语情境。让学生设身处地，以特定的身份"参与"言语活动，从动态语言中获得语感。

4. 切己体验法。在学习课文语言时，指导学生结合自己的生活经历和生活体验，去体察语言的意蕴、情感和韵味，以培养语感。

· 听课回响 ·

语言，语文教学之本

内蒙古赤峰市田家炳中学　耿玉峰

这是一堂"语感教学"课，反映了洪镇涛老师语文教学本体论思想精髓：

抓住指导学生学习语言这个根本，运用语感教学法，让学生在"感受—领悟—积累—运用"的过程中，通过朗读、揣摩、比较、背诵等多种途径学习语言，培养语感，提高学生语文素养。

下面，我们具体看看《乡愁》一课是如何体现这一思想的。

一、采用常模结构"学习语言"。

第一步，用朗读的形式，让学生从整体上感受语言材料。先让大家推荐朗读最好的男同学朗读，之后又找朗读最好的女同学朗读，然后洪老师又声情并茂地范读。通过三次朗读，学生整体感受到了"在读这首诗的时候，语调应该是深沉的，节奏应该是舒缓的"。这样，完成了课堂教学的第一步"感受语言，触发语感"。

第二步，指导学生从语言运用的角度，扣住语感因素较强的地方，从局部入手，深入品味语言，让学生进一步领悟语感。洪老师找出了四个语感品味点：

1."这首诗一共有四个小节，大家觉得它们之间的顺序能够改变吗？"这是从文章整体方面让学生对语言进行比较、推敲、品味，领悟语言的逻辑严密。

2."第四节中'乡愁是一湾浅浅的海峡'，我觉得'浅浅的'用得不好，我想改为'深深的'，好吗？"这是从用词方面让学生对语言进行比较、推敲、品味，领悟语言运用的规范准确。

3."我总觉得这首诗表达的意思较为含糊，诗人内心的思想没有明确表达出来，我改写一下，大家评评怎样。"（改诗见实录）这是从诗歌感情方面让学生对语言进行比较、推敲、品味，以领悟语言的情味。

4."每一段第二句都有一个'是'，把所有的'是'改为'像'，行不行？为什么？"这是从概念方面让学生对语言进行比较、推敲、品味，以领悟语言的适境得体。

这四个品味点，从不同角度训练语感的广度和深度，使学生在语言实践中培养语感，加深对诗歌内容的理解、主旨的把握和情感的体味，从而实现"品味语言，领悟语感"。

第三步，指导学生朗读重点段落，让学生再次在朗读中感悟语言之神妙，洞察语言之精髓，把握语言之理趣。在这一环节中，洪老师重点指导学生有感情地朗读第三节，要求学生读出作者感情发展的层次。当学生没有很好地读出这种感情时，洪老师进行了适当的指导，用有情有味的朗读，把学生引入诗的意境。这样，学生在朗读中"实践语言，习得语感"。

第四步，要求学生在熟读的基础上背诵课文。最后，洪老师要求学生当堂背诵全诗，并做检查和评价，效果很好。诵读，让学生"积累语言，积淀语感"。

"感受语言，触发语感；品味语言，领悟语感；实践语言，习得语感；积累语言，积淀语感"是洪老师总结出来的"学习语言"课堂常模。教学中，这四步从整体到部分再回归整体，从词语到全诗，从形式到内容，从内容到情感，步步相因，环环相扣，符合学习语言的规律，符合学生认知的规律，符合语感教学的规律，"学习语言"就落实在每一个环节中。

二、运用多种方法"学习语言"。

洪老师认为，学习语言，一要吸收和积累语言，二要习得和积淀语感。实践中，洪老师总结出了"美读感染法""比较揣摩法""语境创设法"和"切己体察法"四种语感训练法。这堂课，洪老师主要运用了"美读感染法"和"比较揣摩法"。

"美读感染法"是洪老师语感训练的主要方法。这堂课，洪老师采用了多种形式的"读"，有学生的个体读、集体读、自由读；有老师的范读、导读。特别是在第三节学生不能准确读出诗歌感情层次的时候，洪老师进行了入情入境的导读："后来啊，乡愁是一方矮矮的坟墓。我在外头，母亲在里头。"洪老师把"啊"字读得较轻较长，传出了悲伤之情；在"乡愁"处停顿重读，予以强调；在"矮矮"处停顿，重读，一字一顿，读出了母亲坟墓的特点，表现出母亲的平凡，表达出诗人因不能及时扫墓而产生的歉疚之情；在"我"处停顿，稍加重音；在"母亲"处停顿，声音高起，感情浓重，突出强调，表达出对母亲深情的思念；"在那头"声调稍降，重读"那"，"头"字尾音拖长，表达出"我"与"母亲"阴阳两隔，永无再面的无可奈何的悲怆。洪老师满噙泪水、抑扬顿挫的朗读，感染了学生，感动了学生，感化了学生。

"比较揣摩法"是洪镇涛老师创立的最具特色的语感训练法：对课文的标

点、字词、句子或段落，采用"加一加""减一减""调一调""联一联""换一换""改一改"的办法，让学生在比较揣摩中体味语言运用的妙处，培养语感。本堂课，洪老师就采用这样的方法，抓住能突显该诗意趣的地方设置问题，引导学生深入品味语言。仅举两例：

1."这首诗一共有四个小节，大家觉得它们之间的顺序能够改变吗？"问题一出，学生兴趣盎然，很快就答出"诗歌是按时间顺序来写的，不能调换"，有道理但失之于浅表。洪老师接着引导，学生又答出了"比喻的事物由小到大排列，不能调换"，较深入但不尽精准。洪老师再问"看看还有什么顺序"。学生进入深度思考，之后回答"我觉得感情方面它是层层递进的，所以不能调换"，深入恰当。洪老师就是这样用"调一调"的办法，通过调整顺序的方式，引导学生反复揣摩品味，不断深入思考，不断深化认识，让学生体会诗歌思路的逻辑严密性。

2."'乡愁是一湾浅浅的海峡'，我觉得'浅浅的'用得不好，我想改为'深深的'，好吗？"这个品味点抓得好，因为"浅浅的"这个词语不仅本身很有"嚼头"，还能牵一发而动全身，带起对诗歌情感与主旨的探究。问题提出后，学生迅速进入思考状态，不一会就有学生说："'浅浅'的海峡，比喻可以逾越的一种希望。"洪老师予以肯定，继而又问："还有别的说法吗？"学生进入深思状态。过了一会，有学生说："我觉得这是一种反衬方法，前面'小小的''窄窄的''矮矮的'都是反衬，'浅浅的'反衬出那一代人对回归祖国的乡愁的深度。"学生回答得很好，说明他真正进入了深度思考的状态。洪老师顺势补充："用'小小的''窄窄的''矮矮的''浅浅的'反衬作者乡愁之浓、之深。确是'浅浅的'好像更好，不仅是跟前面的用词取得一致，还说明台湾、大陆本来就没有不可逾越的鸿沟。现在的分裂完全是人为的原因造成的。大陆和台湾一定要统一，一定会统一。"既肯定了学生的回答，又完善、提升了学生的认知，老师的"导"含而不露又水到渠成。这是用"改一改"的方法，让学生在不断深入的比较揣摩中，品味用词之精准，咀嚼用词之精妙，体会诗人盼望统一的殷切之情。

语文特级教师王君说："美读与咀嚼，应该是文学作品教学的主要方式，更是诗歌教学的主要方式。而对语言的咀嚼的灵活度和深度，更是评判一堂语文课有无语文味的重要标准。"洪老师的课，应该说是语文味十足的吧。

三、结合"四个方面"学习语言。

洪老师认为，组织和指导学生学习语言，培养学生正确理解和运用祖国语言文字的能力是语文教学的根本任务，同时语感训练要与思想教育、思维训练、审美陶冶、语言知识传授相结合，这体现了洪老师语文教学本体论思想的辩证性。这在《乡愁》一课中也得到了很好的体现。比如，"顺便"介绍余光中，"顺势"讲"祖国统一"，这些都没有脱离文本搞架空分析，而是自然地渗透在语言学习之中，学生真切地感受余光中先生热爱祖国、希望祖国早日统一的思想感情。洪老师提出的四个问题，除了第一个问题"时间顺序"比较容易，其他几个都有一定难度。此外，指导学生朗读，读出诗歌的情味、韵味、美味，就是审美训练。至于与语文知识传授相结合，在本诗中"是"不能改为"像"，"是"在这里不是暗喻，诗句是个省略句，就是一个很好的例子。

洪老师的《乡愁》，不仅仅是一堂简单的教学课，它更多的是折射出洪老师语文教学的本体论思想。洪老师的这堂课，解决了困扰我多年的两个问题：

1. "教什么"的问题。曾几何时，自己也和很多人一样，把语文课上成了历史课、政治课、艺术课、科普课，唯独没有上成语文课。种了别人的地，荒了自己的田，课堂教学效率"少慢差费"。听了洪老师的课后，我豁然开朗：自己的症结就在于没有抓住"学习语言"这个根本，而是去"研究语言"了。现在明白了，语文课姓"语"，语文课的根本任务就是学习语言，只有抓住语言的课，才是真正的语文课，只有抓住语言的课，才是高效的课。这是语文教学的本质规律。

2. "怎么教"的问题。以前的教学，要么天马行空不讲章法，要么放任自流施教乏术。语文课到底怎么教呢？洪老师的课让我茅塞顿开：第一就是重"朗读"。语文课堂是"读"的课堂，语文课要书声琅琅，没有朗读就没有语文学习。朗读是语文的本色，朗读是语文课堂的美丽风景线。洪老师早就说过："读是语文课的第一教学法。"《乡愁》一课给我们做出了经典诠释。第二就是重"品味"。品味什么？品味文本的文眼、关键之处，品味旨趣、深意之处，品味精妙、含蓄、幽微之处。怎么"品味"呢？洪老师的"比较揣摩法"给了我们直观的展示。只有进行反复深入的咂摸、咀嚼、涵泳，才能品出情味、韵味、趣味；只有在文本中"翻来覆去""出生入死"地走上几遭，方能"品味"到语言的真味。当然，教无定法，我所体会到这两点绝非是洪老师语感教学的全部，更不是语文教学法的全部，它只是自己在听了洪老师的课后感受最深之处。

仰"涛"声，慕师心
山东省济南市第二十七中学　葛　静

在很多学生身处网络流行用语的当下，在许多教师浮躁功利地进行语文教学改革的当下，洪镇涛先生用这节《乡愁》，诠释了他从教六十年孜孜以求的真谛——语文姓"语"。

一、读出来的语文味。

"读"是语文第一教学法。洪镇涛先生主张：抓住了"读"就是抓住了语文的要领，弱化甚至缺失朗读，取而代之满堂琐碎的问题，就不是好的语文课。

洪镇涛先生开门见山地邀请一位男生、一位女生进行朗读。女生读得熟练却平淡无味，像这样全国性的大型公开课，学生一定是进行充分预习的，却读不出丝毫感情，这正说明了学生和老师们平时对朗读的忽视。男生能通过抑扬顿挫传达出他对诗歌的理解，虽然模式化的技巧显然大于全情投入，但在整堂课上，这位男生比女生更能够深入地思索、积极地发言，这其中大概是因为朗读对学生语文能力的提升起了潜移默化的作用吧。

课文的朗读，任课老师们一定不会放过，或重音或断句，或他评或自评，仿佛这样才是教朗读。洪镇涛先生只是轻轻说："读得不错。"尔后又说："要读得很好，还要深入读。""不错"与"很好"的高下，读者与听者一定心知肚明，但怎样去读，洪镇涛先生却留白不语。疑惑间，想到了时下大受欢迎的文化类节目《朗读者》，"世界小姐"张梓琳缓缓地朗读关于孩子的文章，没有花哨的朗读技巧，只是带着作为母亲的笑容，却比十年前她荣获桂冠时更美更真实。其实，拥有母爱的妈妈都美得像"世界小姐"，妈妈的话都令人动容。若是一味强调技巧，假情假意地抒发情绪，只能是生产套路化、模式化的产品。洪镇涛先生的评点留白耐人寻味，整节课不断设计自由朗读，对学生的朗读要求只有"放声读"，指导学生自然地渗透情感，期待学生体悟后的成长，让留白贯彻始终。

留白不等于随意放手、不作为。洪镇涛先生对学生朗读的培养在于熏陶，在于点燃。八十岁高龄的先生仍旧选择课堂范读，他的朗读声如金石，掷地铿锵，深情漫溯，乡愁浸润，怎不叫人叹服！学生或模仿或由此启迪，便走入了语文的朗读天地。笔者观察到，第一个朗读的男生在第三次朗读展示时，声音已经不再拘泥于朗读的条条框框，甚至眼中泛起了略有所思的哀伤。刚上初三的孩子，乡愁的种种不可能经历，此时却感同身受。这就是感染，这就是语文朗读的内化。

二、品出来的语文味。

洪镇涛先生的语感教学法自成一派，他主张：语文课就是吸纳词语，积累言语范式，形成语感，形成理解运用民族语言的能力的课堂。至于深钻深研范文，那是学者的事，与中小学教学无关，否则就要走偏。笔者认为，这是最务实而接地气的一种教学法，他牢牢地抓住了中小学语文教学的根本——语言。

"品"是洪镇涛先生打开语言殿堂的一扇门。他首先与学生们讨论确定了诗歌的感情基调——伤而不哀，殷殷期许。这是笔者听到的最为简洁而精准的概括。大家一般会笼统地认为《乡愁》是哀伤的，在最后一节有回归祖国的期待。但再细细品味语言，小时候离别母亲情系邮票，长大后辞别新娘手握船票，现在相望大陆海峡浅浅，都会痛彻心扉，痴痴地向往见面，却不会哀怨沉沦。至于母亲的离世，也许伤得无以复加，但总希望她在天堂安好吧。"伤而不哀，殷殷期许"，几个字的不同让这首家喻户晓的诗歌更有味道了，这就是大师的火候。

品析《乡愁》的语言，洪镇涛先生采用了"比较揣摩法"。例如"四个小节顺序是否可以颠倒"，使用"调一调"的办法，以明其结构与整体理解。再如"乡愁是一湾浅浅的海峡"中"浅浅"能否改成"深深",使用"换一换"的办法,此意在品味语言,以见语言背后之深意。再如先生修改诗歌:"小时候,乡愁是对母亲的思念/我在这头,母亲在那头//长大后,乡愁是对爱人的恋挂/我在这头,新娘在那头//后来啊,乡愁是对亲人的哀悼/我在坟墓外头,母亲在坟墓里头//而现在,乡愁是对祖国统一的渴望/我在这头,大陆在那头。"与原文比较,足见诗歌之特质:诗之为物,贵在含蓄而深情,而不在浅露与直白。

洪镇涛先生对课文的标点、字词、句子或段落,常采用加一加、减一减、调一调、联一联、换一换、改一改的办法,让学生在比较中体味语言运用的妙处,以培养语感。真是四两拨千斤,语文课上的难点就这样轻松解决了,但背后浸润的是先生对语言的深厚造诣、对教学方法的深入揣摩。

教学永远是一门遗憾的艺术。这节课上的学生面对上千名听课老师,表现得有些拘谨,不太配合,也是可以理解的。陌生的上课老师凭借一己之力往往达不到效果,这时如果能使用恰当的合作方法,发挥学生之间的带动作用,会有意想不到的效果。作为语文教师,不仅要钻研语文本身,还要研究学生。

·课堂实录·

《雷雨》课堂教学实录

执教：王　岱

师：老师们，上午好！刚才主持人成先生对我有所介绍，我更愿意说我是山东的。我是2014年到的北京，过去在山东省实验中学工作。应该讲不叫"欣赏这个课"，成老师对我过奖了，我觉得老师们应该是"听"这个课。我从1990年开始讲课到今天已经有26年了，每天都在上课。我想无论是什么样的课，展示课也好，优质课也好，公开课也好，它都是课，平时怎么上，今天还怎样上。我希望我今天的课堂还是一个正常的课。老师们看课不是去看剧，是看一看这个课能不能和我们平时的课接地气，我们能不能在平时就这样上。我希望我的课永远的本真，永远的贴近学生，永远属于一个正常的课，而不是表演课，不是涂抹了厚厚脂粉的课。刚才成老师的介绍，其中有一个词我觉得特合我的心意，叫做"本真"。谢谢大家！好，上课！

生（起立）：老师好！

师：同学们好！请坐。同学们看过话剧吗？

生：看过。

师：看过什么呀？

生：看过《哈姆雷特》。

师：哦，《哈姆雷特》。嗯，你看过什么？

生：看过《雷雨》。

师：看过《雷雨》这个剧，还是读过这个剧本？

生：就是看过剧本，看过剧，看过电影。

师：哦，好，请坐。还有同学看过吗？我们可能经常会看电影，但真正接触话剧的机会好像不算太多。中国过去是没有话剧的，我们有的是戏曲。比如说《三堂会审》《霸王别姬》。以后你们还会学到《窦娥冤》《长亭送别》，这都叫做戏曲。话剧是从西方引进的。一种文学体裁的成熟，一般会在几个人甚或是一个人的手里成熟起来的。比如说我们所讲的文学的四大体裁都是？

生：小说、散文……

师：你们知道中国的现代小说是从谁手里成熟起来的吗？

生：鲁迅。

师：非常棒，是从鲁迅手里成熟起来的。散文呢？

生：朱自清。

师：对，你们学过朱自清的《荷塘月色》《春》。还有谁？同学们可能想不到，是鲁迅。鲁迅的散文也写得漂亮，还有呢就是像林语堂、周作人。从这些人手里成熟起来。诗歌呢？

生：徐志摩。

师：有的人说徐志摩，你们很熟悉的就是《再别康桥》，还有郭沫若等。那么，我们所讲的话剧，是从谁手里成熟起来的？就是从曹禺，注意"禺"字的读音为阳平。有了曹禺，中国的话剧就有了与小说、散文、诗歌比肩的地位。《雷雨》这部剧啊，到今天八十多年了，长演不衰。它培养了我们国家的一代又一代的表演艺术家。据统计，到八十年代，凡是有名的表演艺术家几乎没有没演过曹禺话剧的。可见这个《雷雨》和曹禺在中国文学史上的地位。我们来看一看曹禺。

【PPT】

曹禺（1910—1996）原名万家宝，中国著名剧作家，代表作有《雷雨》《日出》《原野》。

师：怎么样，挺酷吧！呵呵，曹禺原名叫万家宝，他是著名的剧作家。代表作有我们常讲的三部。当然了，一定要注意他还有一部很棒的话剧，叫《北京人》。《雷雨》《日出》《原野》《北京人》是曹禺最重要的作品，也是中国现代文学史上最重要的剧作。到以后他再写呢，就不行了，为什么不行了呢？大家如果感兴趣，你可以再去探讨，为什么他的创作呈一个下降趋势。曹禺晚年时很伤感，他非常想再创作出好的剧本来，像他早年的时候。他写《雷雨》的时候只是一个大学生，那是在清华园读书的时候写的。中年以后，就没有再创作出像样的作品。这也可以说是中国文坛的悲剧，或一种现象。大家如果感兴趣可以进一步探讨。

同学们，读过《雷雨》整部剧本的同学举手。（多数同学举手）哦，真棒，真棒！好，我想请一个同学，来介绍一下整部《雷雨》，不光局限于咱们的课文。谁来介绍？（一男生举手）同学们听一听，看看有没有再补充的。来，请——

生：起因是周朴园在年轻的时候爱上了她的一个女仆，名字叫梅侍萍。然后生了两个儿子。后来因为在封建社会，周家给他找了一个门当户对的大户人家的小姐。结果梅侍萍就被赶出了周家。然后梅侍萍就跳河了，别人都以为她死了，没想到是被一户人家给救起来了。三年后，两个儿子都长大了，就到了课文所讲的这里了。

师：再往后呢？

生：再往后，最后是他那个二儿子为了救鲁侍萍的女儿四凤被电死了，然后大儿子是——

师：谁的二儿子？

生：周朴园的。

师：哦，他是侍萍的二儿子吗？

生：不是。

师：对。谁为了救谁？

生：二儿子为了救四凤。

师：四凤为什么死？

生：四凤是因为知道了她喜欢的那个周萍的身份是她的亲哥哥，所以觉得非常悲愤跑出去了。当时是雷雨天，一根电线漏电，她被电死了。结果周朴园那个二儿子不知道，然后跑过去一扶，那个二儿子也死了。大儿子是知道了这一切以后，拿出手枪开枪自尽了。

师：嗯嗯，还有吗？

生：周朴园的老婆疯了。

师：夫人。

生：哦，夫人疯了。

师：嗯，疯了。她叫什么呀？

生：叫——

师：写起来比较麻烦是吗？比较繁琐，叫什么？

生：繁漪。

师：嗯，繁漪。

生：基本上就这些了。

师：好，请坐。大部分情节出来了，谁还有补充？繁漪为什么疯了？（指一男生）

生：因为她是受了数十年的封建压迫。这上面有个情节是，周朴园每天都要给繁漪喝药。

师：没有这么严重。

生：其实并没有病，而是为了给他的孩子展示一个要服从家长的管理——

师：做一个服从的榜样。

生：对，服从的榜样。然后就是以他的夫人为标准来进行思想的压迫。

师：进行思想的压迫，这点说得特别好。这就足以使她疯吗？

生：啊？

师：这压迫足以使她疯吗？实际上不是几乎每天，而是很多时候。

生：不止，她后来得知了一切的事情。比方说她知道了，她原先的仆人的到来以及她知道周萍跟……就是一系列的——

师：原先那个仆人是谁？

生：就是鲁侍萍。

师：嗯，鲁侍萍。她是知道她来还是让她来？

生：知道她来。

师（问一个女生）：是知道她来还是让她来？

生：让她来。

师：对，让她来。

生：嗯。

师：为什么要让她来你知道吗？

生：这个不大确定。

师：呵呵，不大确定。好，请坐。（问一个女生）你确定吗？

生：因为繁漪知道周萍喜欢上了四凤，所以才让鲁妈来，想要鲁妈把四凤带走。

师：她为什么知道了周萍喜欢上了四凤，就让鲁妈把她带走？

生：她其实就是爱着她的这个大儿子周萍的。所以她知道四凤喜欢周萍，周萍也喜欢四凤之后，我觉得她心里是嫉妒的。

师：哈哈。

生：所以她就想让鲁妈把四凤带走。

师：嗯，对。好，请坐。这样一补充呢，基本上就差不多完整了。大家再想一下，到最后的结局是什么？

生：断子绝孙。

师：断子绝孙？没绝。

生：绝了。

师：没有。

生：都死了。

师：有的同学说都死了。

生：二儿子、大儿子都死了。

师：二儿子、大儿子，还有呢！知道吗？

生：鲁大海。

师：对了，还有鲁大海。鲁大海干吗去了啊？

生：鲁大海当时应该是被周朴园的那些仆人给带下去了。就是他当时在……他是一个工人阶级的代表，当时他来就是作为一个代表来找那个周朴园算账的吧。

师：谈判。

生：谈判的。他说周朴园以前在哈尔滨包修江桥，故意叫江堤出险，淹死了两千二百个小工，每一个小工的性命都扣了三百元。他说周朴园发的是断子绝孙的昧心财。他就被周朴园的那些仆人给带下去了，所以说他应该是没有死的。

师：他是为那两千二百个小工来的吗？

生：他是为警察打死的三十个工人而来的。

师：嗯，对，很好！他被带下去了还是？带到哪里去了？你知道吗？

生：不知道。

师：是带下去了，还是他跑了？到哪去了？你们看的《雷雨》剧本包括序幕和尾声吗？

生：不包括。

师：其实到最后，鲁大海跑了。侍萍还在他们的这个大房子里，这里已经改成了一个教会医院，侍萍在等着她的孩子回来，就是等着鲁大海回来。他，周朴园，还有一个儿子在外面，并没有完全的断子绝孙。整出剧，我们看一下人物关系，咱们同学还有一个人物没有说出来，是谁？四凤说了呀，四凤死掉了。还有谁？

生：周冲。

师：周冲，二儿子，已经说了。周冲为了救四凤给电死了。

生：四凤的父亲。

师：嗯，对，叫什么？

生：鲁贵。

师：嗯，叫鲁贵。我们看一下它的人物关系。

【PPT】

主要人物关系

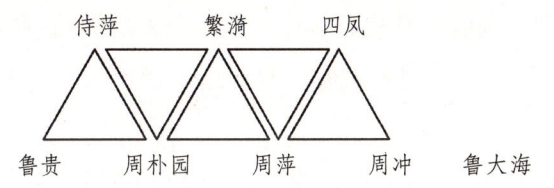

```
        侍萍      繁漪      四凤
         △       △       △
        △ △     △ △     △ △
     鲁贵   周朴园   周萍   周冲   鲁大海
```

师：是不是主要人物就这些？大家看一看他们有什么关系？能讲清楚吗？明白了吗？刚才通过咱们的叙述，明白了吗？我一点这个鼠标你会大吃一惊。（点鼠标）什么啊？

生：三角恋。

师：几个三角？

生：五个。

师：嗯，五个三角。咱们同学读文学作品读得相对来说比较多，最起码看肥皂剧看得不太少了，对吧？肥皂剧啊，最重要的你知道靠什么来往下演绎吗？

生：爱情。

师：对，靠爱情。有的同学说靠三角关系进行演绎。一般的情况下，二流作家写一个三角就会写得精疲力尽，为什么？他要把它编出来，而且还要引着人们往下看，而且还希望人们看了之后觉得真实，所以会很费劲。那么你看看曹禺，写了五组三角，一共几个人物？

生：八个。

师：嗯，八个人物。写了五组三角，写得那么如鱼得水，可见他的笔力，不服不行啊，至今还没看到能写五组三角写得这么漂亮的人。这就是经典，的确是经典。好，大家想一想，为什么文学作品要去写爱情。为什么？你们不叫"少儿不宜"啦，因为已经十六了。为什么要写爱情？

生：我觉得他想用爱情来体现那个社会的原貌。就是用爱情的变化来衬托当时的社会。

师：哎呀，太棒了！请坐！爱情是正常人离不开的，等着你们长大，估计你们现在也有过来人了。（台下大笑）一个人，一个正常的成年人，他的爱情肯定会折射社会，肯定会折射人性。为什么人们都去写爱情？爱情是文学永恒的主题，啊，永恒的主题。想一想你们所接触的文学作品，除了幼儿作品，是不是都有爱情啊？我们先脱敏，当然了，也不用王老师来给你们脱敏。小摊上的书比这个厉害多了。好，咱们再来看，咱们这个课本，选的是第几幕？

生：第二幕。

师：对，它实际上写了两个大的场面，能看出来吗？第一个场面是什么呀？

生：第一个场面是鲁侍萍和周朴园相认，就是他知道鲁侍萍其实就是他三十年前的恋人梅侍萍。然后第二个我觉得就是写鲁大海去他家闹，为了那三十个工人去讨一个说法。

师：嗯嗯，很好！概括得很好！第一幕写了鲁侍萍和周朴园三十年的恩恩怨怨，第二幕是写周朴园和鲁大海之间的斗争。好，我想问一下，你们最喜欢看哪一场？

生：我喜欢看第一幕。

师：哦，喜欢看第一幕，为什么？

生：第一幕，他的人物，就是那个鲁侍萍和周朴园的关系显露了，然后带动了情节的发展。

师：好，请坐。她说第一幕带动了整个情节的发展，揭示了他们过去的恩怨。我再找个同学说一下，有没有喜欢看第二幕的？好，这个女生喜欢看。（递话筒）

生：谢谢老师。我觉得我比较喜欢看第二幕。因为就是在鲁大海去找周朴园讨说法的时候，才能完全体现出周朴园到底是一个什么样的人。前面说他的恩怨，其实每个人都会有感情。他的感情也许是真的，但是我觉得在他心里，利益才是最大的。他就是可以为了利益而放弃原先最爱的人，然后娶一个门当户对的小姐。然后就是最后的时候，他面对讨债才体现出他这一生其实为了利益不择手段。

师：这个同学呢，是说第二场更能展示周朴园的本性，是吧，本质。大家考虑下，第一幕主要是他的家庭生活；第二幕实际上它不只是一个父子之间的斗争，更重要的是一个什么样的斗争啊？

生：资本家和工人阶级。

师：嗯，对。资本家和工人之间的斗争，更重要的是把这个斗争推向了社会。从社会这个领域去看周朴园。好。当然，在欣赏话剧的时候我们可能更喜欢欣赏什么样的啊？更喜欢生活中的这种纠结。你看这两场的时候，你最纠结的部分是哪一场？第一场，嗯，是第一场。什么叫纠结知道吗？用话剧、用戏剧、用剧本的说法，所谓的纠结实际上就是矛盾冲突。就是作者在写剧本的时候，他为了牢牢抓住观众。为什么观众需要在台下看剧的？如果你这个剧，像小说、像散文、像诗歌一样，它不吸引人的时候，那么场下的观众就走了。比如说一会儿台下就有走的老师了。因为如果你不吸引他，他完全可以走。它不像小说，我想看就看两眼，我不想看我就放那。《巴黎圣母院》看过吗？你看看雨果写的巴黎周围的场景有三四十页。我当时一口气读不下来，读了两三天才读下来。我就放下书走了，去玩了，或者去干吗了。看话剧不行，我们必须要在这里吸引他，让他在这里看，否则他就走了。

所以讲这个戏剧要是想吸引人，必须要靠一个东西，最重要的东西就是什么？矛盾冲突，话剧要有戏，剧要有戏，没有了戏就完了，嗯，就完了。就是我们来看这两场的时候，我们可能觉得第一场更纠结，是吧！好，我们就这样，我想问一个问题，咱们同学实际上一开始就讲了，就是写的周朴园和鲁侍萍的爱情故事。当然不单是，最重要的是，我就提问一个问题，周朴园和鲁侍萍到底是咋回事儿呢？用我们济南话讲"到底是咋回事儿"。周朴园到底爱不爱鲁侍萍？先别着急举手，咱们同学已经压不住了，要举手了。这样我看一看，觉得爱的同学举手，我觉得周朴园是爱鲁侍萍的。（少数同学举手）哦，好。觉得周朴园根本就不爱鲁侍萍，举手。（少数同学举手）那不举手的是怎么回事呢？不举手的用一个词你知道吗？这就叫做骑墙派，骑在墙上落不下来。呵呵。好，这样，咱别着急，咱来读一读文章。一定要从文本中来。戏剧的语言很有琢磨头，我们必须要多读这种戏剧。像《雷雨》这部剧我是每教一年，每教一次，我都会从头至尾，整个剧本我都要读一遍，全剧我都要读一遍。所以咱们好好读一读。我请同学来分角色读吧。咱只读第一场，大家找一找应该是在哪一页？你们看一看。应该是六十三页倒数第二节那个地方，周朴园说："可是你——"看见了吗？到这个地方。我们来分角色来读，应该需要三个人。朴园、侍萍，还有一个舞台说明。来，谁来演朴园?(生A举手)好,你来。侍萍?(生B举手)好。说明?(生C举手)好,咱们同学来认真听,看一看他们像不像那回事儿。再有呢,想一想那个问题,答案有变化吗?你能坚持吗?找一找依据。好,开始。

生(A):这是太太找出来的雨衣么?

生(B):大概是的。

生(A):不对,不对,这都是新的。我要我的旧雨衣,你回头跟太太说。

生(B):嗯。

生(C):看她不走。

生(A):你不知道这间房子底下人不准随便进来么?

生(B):不知道,老爷。

生(A):你是新来的下人?

生(B):不是的,我找我的女儿来的。

生(A):你的女儿?

生(B):四凤是我的女儿。

生(A):那你走错屋子了。

生(B):哦。老爷没有事了?

生(A):(指窗)窗户谁叫打开的?

生(B):哦。

生(C):很自然地走到窗前,关上窗户,慢慢地走向中门。看她关好窗门,忽然觉得她很奇怪。

生(A):你站一站。

生(C):鲁妈停。

生(A):你,你贵姓?

生(B):我姓鲁。

生(A):姓鲁。你的口音不像北方人。

生(B):对了,我不是,我是江苏的。

生(A):你好像有点无锡的口音。

生(B):我自小就在无锡长大的。

生(C):沉思。

生（A）：无锡？嗯，无锡。

生（C）：忽而。

生（A）：你在无锡是什么时候？

生（B）：光绪二十年，离现在有三十多年了。

生（A）：哦，三十年前你在无锡？

生（B）：是的，三十多年前呢，那时候我记得我们还没有用洋火呢。

生（C）：沉思。

生（A）：三十多年前，是的，很远啦，我想想，我大概是二十多岁的时候。那时候我还在无锡呢。

生（B）：老爷是那个地方的人？

生（A）：嗯。

生（C）：沉吟。

生（A）：无锡是个好地方。

生（B）：哦，好地方。

生（A）：你三十年前在无锡么？

生（B）：是，老爷。

生（A）：三十年前，在无锡有一件很出名的事情——

生（B）：哦。

生（A）：你知道么？

生（B）：也许记得，不知道老爷说的是哪一件？

生（A）：哦，很远了，提起来大家都忘了。

生（B）：说不定，也许记得的。

生（A）：我问过许多那个时候到过无锡的人，我想打听打听。可是那个时候在无锡的人，到现在不是老了就是死了。活着的多半是不知道的，或者忘了。

生（B）：如果老爷想打听的话，无论什么事，无锡那边我还是有认识的人。虽然许久不通音信，托他们打听点事情总还可以的。

生（A）：我派人到无锡打听过，不过也许凑巧你会知道。三十年前在无锡有一家姓梅的。

61

生（B）：姓梅的？

生（A）：梅家的一个年轻小姐，很贤惠，也很规矩。有一天夜里，忽然地投水死了。后来，后来，你知道么？

生（B）：不敢说。

生（A）：哦。

生（B）：我倒认识一个年轻的姑娘姓梅的。

生（A）：哦？你说说看。

生（B）：可是她不是小姐，她也不贤惠，并且听说是不大规矩的。

生（A）：也许，也许你弄错了，不过你不妨说说看。

生（B）：这个梅姑娘倒是有一天晚上跳的河，可是不是一个，她手里抱着一个刚生下三天的男孩。听人说她生前是不规矩的。

生（C）：苦痛。

生（A）：哦！

生（B）：她是一个下等人，不很守本分的。听说她跟那时周公馆的少爷有点不清白，生了两个儿子。生了第二个，才过三天，忽然周少爷不要她了。大孩子就放在周公馆，刚生下的孩子她抱在怀里，在年三十夜里投河死的。

生（C）：汗涔涔地。

生（A）：哦。

生（B）：她不是小姐，她是无锡周公馆梅妈的女儿，她叫侍萍。

生（C）：抬起头来。

生（A）：你姓什么？

生（B）：我姓鲁，老爷。

生（C）：传出一口气，沉思地。

生（A）：侍萍，侍萍，对了。这个女孩子的尸首，说是有一个穷人见着埋了。你可以打听到她的坟在哪儿么？

生（B）：老爷问这些闲事干什么？

生（A）：这个人跟我们有点亲戚。

生（B）：亲戚？

生（A）：嗯，我想把她的坟墓修一修。

生（B）：哦，那用不着了。

生（A）：怎么？

生（B）：这个人现在还活着。

生（C）：惊愕。

生（A）：什么？

生（B）：她没有死。

生（A）：她还在？不会吧？我看见河边上她的衣服，里面有她的绝命书。

生（B）：不过她被一个慈善的人救活了。

生（A）：哦，救活啦？

生（B）：以后无锡的人是没见着她，以为她那夜晚死了。

生（A）：那么，她呢？

生（B）：一个人在外乡活着。

生（A）：那个小孩呢？

生（B）：也活着。

生（C）：忽然立起。

生（A）：你是谁？

生（B）：我是这儿四凤的妈，老爷。

生（A）：哦。

生（B）：她现在老了，嫁给一个下等人，又生了个女孩，境况很不好。

生（A）：你知道她现在在哪儿？

生（B）：我前几天还见着她！

生（A）：什么？她就在这儿？此地？

生（B）：嗯，就在此地。

生（A）：哦！

生（B）：老爷，您想见一见她么？

生（A）：不，不，谢谢你。

生（B）：她的命很苦。离开了周家，周家少爷就娶了一位有钱有门第的小姐。她一个单身人，无亲无故，带着一个孩子在外乡，什么事都做：讨饭，缝衣服，当老妈子，在学校里伺候人。

生（A）：她为什么不再找回周家？

生（B）：大概她是不愿意吧。为着她自己的孩子，她嫁过两次。

生（A）：嗯，以后她又嫁过两次。

生（B）：嗯，都是下等人。她遇人都很不如意，老爷想帮一帮她么？

生（A）：好，你先下去，让我想一想。

生（B）：老爷，没有事了？

生（C）：望着朴园，眼泪要涌出。

生（A）：你去告诉四凤，叫她把我樟木箱子里那件旧雨衣拿出来，顺便把箱子里的几件旧衬衣也拣出来。

生（B）：旧衬衣？

生（A）：你告诉她在我那顶老的箱子里，纺绸的衬衣，没有领子的。

生（B）：老爷那种绸衬衣不是一共有五件？您要哪一件？

生（A）：要哪一件？

生（B）：不是有一件，在右袖襟上有个烧破的窟窿，后来用丝线绣成一朵梅花补上的？还有一件——

生（C）：惊愕。

生（A）：梅花？

生（B）：还有一件绸衬衣，左袖襟上也绣着一朵梅花，旁边还绣着一个萍字。还有一件——

生（C）：徐徐立起。

生（A）：哦，你，你，你是——

生（B）：我是从前伺候过老爷的下人。

生（A）：哦，侍萍？

生（C）：低声。

生（A）：怎么是你？

生（B）：你自然想不到，侍萍的相貌有一天也会老得连你都不认识了。

生（A）：你，侍萍？

生（C）：不觉地望望柜上的相片，又望鲁妈。

生（B）：朴园，你找侍萍吗？侍萍在这儿。

生（A）：你来干什么？

生（B）：不是我要来的。

生（A）：谁指使你来的？

生（C）：悲愤。

生（B）：命，不公平的命指使我来的！

生（C）：冷冷地。

生（A）：三十年的工夫你还是找到这儿来了。

生（C）：怨愤。

生（B）：我没有找你，我没有找你，我以为你早死了。我今天没想到到这儿来，这是天要让我在这儿又碰见你。

生（A）：你可以冷静点。现在你我都是有子女的人。如果你觉得心里有委屈，这么大年纪，我们先可以不必哭哭啼啼的。

生（B）：哭，哼，我的眼泪早哭干了，我没有委屈，我有的是恨，是悔，是三十年一天一天我自己受的苦。你大概已经忘了你做的事情了！三十年前，过年三十的晚上我生下你的第二个儿子才三天，你为了要赶紧娶那位有钱有门第的小姐，你们逼着我冒着大雪出去，要我离开你们周家的门。

生（A）：从前的旧恩怨，过了几十年，又何必再提呢？

生（B）：那是因为周大少爷一帆风顺，现在也是社会上的好人物。可是自从我被你们家赶出来以后，我没有死成，我把我的母亲可给气死了，我亲生的两个孩子你们家里逼着我留在你们家里。

生（A）：你的第二个孩子你不是已经抱走了么？

生（B）：那是你们老太太看着孩子快死了，才叫我带走的。

生（C）：自语。

生（B）：哦，天哪，我觉得我像在做梦。

生（A）：我看过去的事不必再提起来了吧。

生（B）：我要提，我要提，我闷了三十年了！你结了婚，就搬了家，我以为这一辈子再也见不着你了；谁知道我自己的孩子偏偏命定要跑到你们周家来，又做我从前在你们家里做过的事。

生（A）：怪不得四凤这样像你。

生（B）：我伺候你，我的孩子再伺候你生的少爷们。这是我的报应，我的报应。

生（A）：你静一静。把脑子放清醒点。你不要以为我的心是死了，你以为一个人做了一件于心不忍的事就会忘了么？你看这些家具都是你从前顶喜欢的东西，多少年我总是留着，为着纪念你。

生（C）：低头。

生（B）：哦。

生（A）：你的生日——四月十八——每年我总记得。一切都照着你是正式嫁过周家的人看，甚至于你因为生萍儿，受了病，总要关窗户，这些习惯我都保留着，为的是不忘你，弥补我的罪过。

生（C）：叹一口气。

生（B）：唉，现在我们都是上了年纪的人，这些傻话请你也不必说了。

生（A）：那更好了。那么我们就可以明明白白地谈一谈。

生（B）：不过我觉得我们没有什么可谈的。

生（A）：话很多。我看你的性情好像没有大改，鲁贵像是个很不老实的人。

生（B）：你不要怕。他永远不会知道的。

生（A）：那双方面都好。再有，我要问你，你带走的儿子在哪儿？

生（B）：他在你的矿上做工。

生（A）：我问，他现在在哪儿？

生（B）：就在门房等着见你呢。

生（A）：什么？鲁大海？他！我的儿子？

生（B）：他的脚趾头因为你的不小心，现在还是少一个的。

生（C）：冷笑。

生（A）：哼哼，这么说，我自己的骨肉在矿上鼓动罢工，反对我！

生（B）：他跟你完完全全是两样的人。

生（C）：沉静。

生（A）：他还是我的儿子。

生（B）：你不要以为他还会认你做父亲。

生（C）：忽然。

生（A）：好！痛痛快快的！你现在要多少钱吧！

生（B）：什么？

生（A）：留着你养老。

生（C）：苦笑。

生（B）：哼，你以为我是来敲诈你，才来的么？

生（A）：也好，我们暂且不提这一层。那么，我先说我的意思。你听着，鲁贵我现在是要辞退的。四凤也要回家。不过——

生（B）：你不用怕，你以为我会用这种关系来敲诈你么？你放心，我不会的。大后天我就带着四凤回到我原来的地方。这是一场梦，这地方我绝对不会再住下去。

生（A）：好得很，那么一切路费，用费，都归我担负。

生（B）：什么？

生（A）：这于我的心也安一点。

生（B）：你？

生（C）：笑。

生（B）：呵，三十年我一个人都过了，现在我反而要你的钱？

生（A）：好，好，好，那么，你现在想要什么？

生（C）：停一停。

生（B）：好，我，我要点东西。

生（A）：什么？说吧。

生（B）：我——我——

生（C）：泪满眼。

生（B）：我只要见见我的萍儿。

生（A）：你想见他？

生（B）：嗯，他现在在哪儿？

生（A）：他现在在楼上陪着他的母亲看病。我叫他，他就可以下来见你。不过是——

生（B）：不过是什么？

67

生（A）：他很大了。

生（C）：追忆。

生（B）：他大概是28了吧。我记得他比大海只大一岁。

生（A）：并且他以为他母亲早就死了的。

生（B）：哦，你以为我会哭哭啼啼地叫他认母亲么？我不会那样傻的。我难道不知道这样的母亲只给自己的儿子丢人吗？我明白他的地位，他的教育，不容他承认这样的母亲。这些年我也学乖了，我只想看看他，他究竟是我生的孩子。你不要怕，我就是告诉他，白白地增加他的烦恼，他自己也不愿意承认我的。

生（A）：那么，我们就这样解决了。我叫他下来，你看一看他，然后鲁家的人永远不许再到周家来。

生（B）：好，我希望这一生不至于再见你。

生（C）：由衣内取出皮夹的支票，签好。

生（A）：很好，这是一张五千块钱的支票，你可以先拿去用。算是弥补我一点罪过。

生（C）：接过支票。

生（B）：谢谢你。

生（C）：慢慢撕碎支票。

生（A）：侍萍！

生（B）：我这些年的苦不是你拿钱算得清的。

生（A）：可是你——

师：好，读得怎么样？

（全体鼓掌）

师：好，请坐。我找个同学来评论一下读得怎么样？来，这位同学。

生：我觉得那个鲁侍萍读得特别有感情。就是在她说梅花衬衣的时候，激动的情绪直接表达出来了。

师：嗯，情绪直接表达出来了。朴园呢？

生：朴园有一段，就是冷笑的时候很真实。

师：冷笑，笑得很真实，的确是冷笑。舞台说明呢？实际上，这个朴园给抢跑了，前面有一段舞台说明很重要。咱们一起来看一眼，读舞台说明的同学这一段没有读，没有赶上读。看一眼，是不是很重要？

生：嗯。

师：最重要的舞台说明恰恰是这些地方。好，下面呢，我们再请同学思考刚才那个问题，又回顾了一遍课文，到底周朴园爱不爱鲁侍萍？（生 B 举手）这个侍萍已经忍不住了，来，三十年的恩恩怨怨。

生（B）：我觉得他并不爱鲁侍萍，因为所谓爱情，一定要有一个衡量的标准。他们的爱情可能只是年轻时的冲动，可能就只是恋人间所谓的山盟海誓空对月而已。但是，我觉得爱情应该是相濡以沫至终老。他因为很多原因抛弃了鲁侍萍，他们并不可以做到执子之手，与子偕老，所以这样根本就不能说是爱情。（台下鼓掌）

师：看着台下老师为你鼓掌。好，这位同学说侍萍啊经过了三十年的思索，到今天，还是认为朴园啊你不爱她。读舞台说明的同学来讲一讲。

生（C）：我觉得他在之前是有爱情的。

师：哪里？你能看出来吗？一定要从文章中来，一定要从剧本中来。

生（C）：在第 55 页。

师：嗯，在第 55 页，我们一起来翻。

生（C）："我要我的旧雨衣"，他的那个旧雨衣就是三十年前的那个雨衣，还有那个旧衬衫。

师：他为什么要旧的？

生（C）：因为他觉得他是回忆过去与侍萍的接触。

师：还有吗？

生（C）：还有第 61 页。

师：61 页，来，一起来翻。

生（C）：中间部分，"鲁侍萍说——"。不是，错了，应该是——

师：找着了吗？

生（C）：就是在"你的生日——四月十八——每年我总记得。一切都照着你是正式嫁过周家的人看，甚至于你因为生萍儿，受了病，总要关窗户，这些习惯我都保留着，为的是不忘你，弥补我的罪过。"表示当时因为爱情，

69

他把这些事情记得非常清楚，然后他之所以现在，我觉得他现在是没有爱情了，但是他在之前是有爱情的。就是因为当时是封建社会，要讲究门当户对，他们这种爱情是门不当户不对，所以是要受他的父母的管制的。然后再过了三十年就已经磨平了棱角。

师：你说他现在不爱她了？不爱她，为什么他现在还要旧衬衣？

生（C）：因为他后悔，他后悔是为了补偿自己内心的缺憾。

师：哦，补偿内心的缺憾，所以要用旧衬衣。请坐。侍萍，你来说。

生（B）：我觉得他并不是为了怀念鲁侍萍。他只是告诉自己让自己有个心理安慰。一直告诉自己"我是一个有良心的人，我是一个怀旧的人，我是把你看得很重的人，我是把亲情看得很重的人"。但是实际上他只是对自己的一个暗示而已。

师：哦，对自己的暗示。好，来，我找后面的同学。（指着一女生）你认为是爱的还是不爱的？哪一派的？

生：不爱的。

师：不爱的不给。咱得平衡一下，这个不爱的说完，那个爱的再说两句。（指着一男生）你认为是爱的还是不爱的？

生：爱的。

师：好，来——

生：我觉得他爱鲁侍萍。因为他那个时候说，如果不爱她，他也不会去寻找打听她的下落。

师：什么时候打听她的下落？

生：就是在课文上，与她对话的时候说，去无锡问她以前的事情。

师：哦，他在什么时候打听过她的下落？

生：就是与梅侍萍对话的时候。

师：哦，和侍萍对话的时候打听侍萍的下落，对吧？

生：对，他只是说当时社会的现象，就是说当时那种封建社会，当时社会的那种黑暗。

师：嗯，不允许他那么爱。

生：对。就是周朴园和他爸爸的关系。当时他的爸爸可能就是周朴园这种类型，也就是反对他们的婚姻。反正是受封建社会和黑暗社会的那种影响。

师：哦，封建社会特有的现象。我发现咱们同学，阶级观念很强啊，时刻牢记着封建社会。好，还有吗？谁再来说？好，这个女同学。

生：原文提到了两次，一次是在61页，一次是在63页，都提到了"是为了弥补我的罪过"。我觉得，朴园应该是爱过鲁侍萍的。他提到了两次"弥补我的罪过"，这全部都是因为他对以前的回忆和后悔。这种感情经过了各种沧海桑田，三十年的这种情感的沉淀，已经慢慢地被磨没了，已经被消磨没了。所以说他现在只是为了回忆他以前年轻时候犯过的各种错误。

师：哦，犯过的各种错误。好，你觉得那是错误吗？什么是错误？

生：对于当时身份的不同，然后发生这种感情。

师：这是错误？爱是错误吗？

生：因为阶级观念的不同，所以说这应该是错误。

师：呵呵，阶级观念不同，所以是个错误。爱情是种错误，美好的错误，美丽的错误。（指另一个女生）你觉得是错误吗？

生：我觉得应该不是个错误吧。他是受了家里人的阻挡，以及社会的阶级观念的阻挡，所以最后，就是顺从家里的意愿。但是我还是觉得周朴园是不爱鲁侍萍的。因为他如果爱的话，他会放弃家里的少爷身份而带着她远走高飞的，而不是顺从家里的意愿，把她赶出家门，而且还娶了一个门当户对的小姐。还有一个，就是在60页，他打听鲁侍萍的下落，但是，三十年他要是打听早就打听到了，他也只是打听，他从来没有见到过鲁侍萍的尸体，但是他却就认定她死了。所以我觉得如果真的是爱她，就算是不能跟她在一起，最后听说她死了，也会找到她的尸体的。但是他没有这么做，甚至也没有找过她。所以我觉得他是不爱她的。

师：这位同学说他没有找到她的尸体，但是他找到什么了？

生：衣服。

师：有的同学说是衣服、绝命书。你现在想想是他看到了吗？亲眼看到那个绝命书和衣服了吗？看一看，读一读文章。这个戏剧啊，一定好好琢磨它的语言。从剧本的本真的语言出发，我们去琢磨。他看到衣服里面的绝命书，看到了吗？

生：看到了。

师：看到了，大家想一下，周朴园听说鲁侍萍投河了，他是一种什么心情，到河边时。你能想象出来吗？

生：我觉得他那个时候可能有点绝望。

师：他为什么绝望？

生：其实我觉得他是真的爱过她的，因为……怎么说呢？就是，之前文中60页有提到说："你看这些家具都是你从前顶喜欢的东西，多少年我总是留着，为着纪念你。"其实我觉得，周朴园这个人他本性对钱财和地位的欲望，高于他对爱情的看法。我觉得是他的追求不同，对他来说他本身就是一个贵家公子，他应该是更追求于那种权贵，然后，当鲁侍萍被赶出家门的时候，其实我觉得不是他亲手赶出去的，只是他的家里人赶出去的时候，他并没有阻止。

师：你从哪里看出来是他的家人把她赶出去的？一起来找。

生：在60页有，就是说"三十年前，过年三十的晚上我生下你的第二个儿子才三天，你为了要赶紧娶那位有钱有门第的小姐，你们逼着我冒着大雪走出去，要我离开你们周家"。他说的是"你们周家"，在周家，那个时候周朴园只是个少爷，在周家地位最高的应该是周家的老爷。

师：哦，周家的老爷。你注意到这个"你们"了。大家一起来看，在"你们"的上面，她在说周朴园的时候用的是什么呀？"你"或者是"老爷"，为什么到了这里赶出去的时候说的是"你们"？

生：因为她知道她现在恨的是周朴园当时并没有阻止他家里人这么做，因为毕竟是他们两个之间的恩怨，他们两个之间的感情，但是他却没有主权，没法选择。

师：没有主动权，不是说主权。

生：对对，没有主动权。

师：哦，没有主动权，是吧？那么我想来问一下，他不爱她，他不爱她为什么要跑到河边去，那也是大年三十的晚上啊。

生：对，其实他还是爱过她的。只是——

师：大雪夜跑到河边，爱不爱呢？

生：爱。

师：呵呵，你别让老师一忽悠都忽悠跑了。（走向另一个女生）

生：他当时肯定是爱过侍萍的，但是因为他只是一个少爷，他没有办法去阻止他的父亲把侍萍赶出家门，所以他只能眼睁睁地看着侍萍被赶出家门而无法挽留。

师：嗯，无法挽留住她。还有一个要说的，来——

生：我觉得他去找侍萍的心情其实是有一些庆幸的。

师：哦，有一些庆幸。

生：因为我觉得毕竟周朴园他是一个富家的大少爷嘛，但是那个鲁侍萍却是一个女仆，就是一个比较卑微的人。因为当时从那个环境来看，他是很在乎颜面的，如果把这件事情传出去的话，那一定会对他整个家族都有影响的。所以他的确是爱过鲁侍萍的，但是，当他知道她死了，他去确认这件事情的时候，他是很悲痛，但是绝对是有庆幸说"这件事情，如果她死了应该就不会再让我颜面扫地"。

师：（走向一男生）来，你还有要说的。

生：我认为这个鲁侍萍，她在，给周朴园说过，不对，就是周朴园在冬天就回去找她，我觉得是因为他想接他第二个孩子。因为后边说过，他想问她，那个鲁大海在哪里。我觉得他应该是对他孩子的想念，而不是对鲁侍萍的想念。

师：哦，你是说他去找是想把第二个孩子找回来，而不是找侍萍，是吗？

生：对。

师：好。（走向一个女生）

生：我认为那个老爷是不爱鲁侍萍的。因为我们谁没有年轻过，谁年轻时没有一些追求呢？

（台下大笑）

师：呵呵，对。

生：然后毕竟年轻的时候也会爱上几个人的。

（台下大笑）

师：呵呵，要求很高！

生：但是我觉得当时鲁侍萍被赶出去是因为他们家的一些政治关系，毕竟，讲究门当户对，而且如果这种关系被传出去之后，周公馆，整个家里颜面何存？我觉得那个老爷关心一些政治，而没有爱情。

师：我想问一个小问题，年轻时候的爱不是爱吗？

生：我觉得这是一些儿戏而已。

师：（走向一个男生）你来说。

生：我也觉得就是周朴园其实是不爱鲁侍萍的，因为，在60页，她说"你为了赶紧娶那个小姐"，就是"赶紧"这个词，我觉得他如果要是真的爱她的话，怎么可能会赶紧，就跟很急的似的娶她的感觉。

师：哦，就是着急去娶是吗？

生：对。

师：来，（指着一女生）给那个同学。

生：我觉得是爱的。因为当时他很年轻，没有家里的一些利益的那种牵制，所以他对侍萍当时是真感情。他去河边找她的时候，应该是悲痛的那种心情。

师：嗯，悲痛的心情。

生：因为他当时是没有利益嘛！他就是特别真的那种，对她特别好。

师：你说年轻时候的爱情还是真的对吗？你总得给我一点安慰吧。年轻时候真不真？年轻的时候再不真，那咱们这个社会就太绝望了。（走向另一个女生）

生：我认为他还是不爱的。

（全体大笑）

生：因为当时他去河边找的时候看到了衣服和绝命书。当时周朴园一定是抱着不可置信和惊愕去的。

师：抱着什么感情去的？

生：不可置信和惊愕。因为她还有两个孩子，如果她是一个母亲的话，她不可能这么狠心把自己的孩子丢下，而且抱着孩子一起投河而死。但是他又没有派人打捞，如果是派人打捞的话，将会把这些事情闹得很大，就会让他在社会上的名誉、身份，遭到攻击或者什么的。然后归咎起来还是他不爱她。

师：嗯，还是不爱她。大家要注意，她说不想让社会上知道，但是，那个留在周家的儿子社会上可都知道，这怎么解释？

生：因为在社会上说的是留在周家的儿子的母亲已经去世了，所以说把这个孩子留下，只会让人们觉得周朴园他是一个非常慈善有爱心的人，他不会因为孩子的生母而迁怒于这个孩子，只会让人们对他的好印象频增，而不会让人们觉得他是一个很残酷、很无情的人。

师：嗯嗯，好。可以有儿子，但是不能有一个仆人样的夫人，对吗？不做夫人也可以吧？（走向一个女生）来，你继续说。

生：我觉得他到河边去找侍萍的时候，没有找到侍萍心里是遗憾的。

师：遗憾的？

生：对。从他后面，就是还留着三十年之前的那个摆设，就是家里的那个摆设，所以说他心里还是想着侍萍的。

师：嗯，对。他这个摆设如果咱们看整个剧本就知道，他在这三十年中搬过了很多次家，很多次家，从南搬到北一直是这样的摆设，是不是？

生：对。

师：这到底是爱还是不爱呢？

生：爱吧。

师：你也拿不准了哈。

生：嗯，对。

师：（走向另一个女生）来。这位同学，这位同学没说过。

生：老师，我觉得是爱过的。因为像课文的57页，他说，"梅家的一个年轻小姐，很贤惠，也很规矩"，说明他是因为爱着鲁侍萍，所以说他把鲁侍萍的形象美化了，但是他又说"有一天夜里突然地投水死了"，他刻意回避了鲁侍萍投水死的原因。所以说，不论他是出于对他曾经犯过的这样抛弃鲁侍萍的一个错误，还是说就是因为鲁侍萍的死对他打击还是比较大的，我觉得他对这件事都是很在意的。所以说他是爱过鲁侍萍的。

师：好，请坐。咱们好多同学还在不停地思考这个问题。我再找侍萍（分角色朗读侍萍的扮演者）吧，还是给侍萍吧，我看看侍萍有变化了吗？

75

生（B）：我觉得当然还是坚持己见，他绝对不爱她。我同意刚才我们班同学说的观点。他去河边找，找的只是他的孩子，虎毒还不食子呢，他带着他最后的一点点良知来确认一下这个事。然而我们再来看三十年后的今天，如果在这三十年来对你是真的有那么思念或者有一点点的思念，我见了你我肯定会问，你这三十年来过得怎么样？你到底经历了什么？而不是说钱、钱、钱，我给你钱。我认为，就是有一句话说"能用钱来解决的事儿都不是事儿"。（全体大笑）他一直想用金钱、用支票来摆脱这个问题，而且侍萍说"我不会留在你这儿"，周朴园还说"那是最好的"。他的意思是，他还是非常排斥她的，所以他感觉侍萍这件事根本就不是事儿，跟他的名利，跟他的地位，跟他的金钱相比，这些事儿都不是事儿。

（台下鼓掌）

师：嗯，好！这位女同学讲和金钱和利益相比，在周朴园的心中，爱情不是事儿。（走向一个男生）来，你怎么看？

生（脸红）：我觉着是不对的，他一定爱她。

师：脸不要红，咱们讨论这个问题，没关系，不要紧。

生：就是说如果你不爱一个人，感觉很讨厌她，你连钱都不会给她。（全体大笑）他和当时那个大户人家的小姐，就是现在的繁漪，他们都是政治的联姻，他们都是为了当时的名声。他与大户人家的小姐，现在这个繁漪只是政治联姻，是当时社会的需要。他和侍萍，现在如果你很讨厌她的话，不想见她的话，就是钱都不会给她。

师：好，请坐。这位同学觉得是爱过的，是吗？

生：嗯。

师：好，爱过的。咱们同学这样想一想，不爱的同学有这样的理由，怎么见了面就变成那样了，光剩钱了。大家可以考虑周朴园为什么要把那家具一直摆着，三十年了，连四月十八日她的生日也记得，连夏天不要开窗也记得。爱过吗？爱过吗？爱过吗？爱过吗？

生：我觉得是爱过。因为明明这三十年来她已经不在了，但是他还是按照以前她的老习惯，一直这样摆放家具。他也许是有愧疚，也许是一种纪念，但是我觉得更多的可能是即使她不在了，他这样摆放就好像她还在一样，就是自我的一种幻想。

师：自我安慰。

生：对。

师：自我安慰，很好，请坐。是种自我安慰。有的同学会说这是做给别人看的，是吗？是不是？你说不是啊，那是做给谁看的？

生：他在自己家里他能给谁看啊？

师：就是，他在自己家能给谁看啊，除了给儿子看给夫人看。而且，想一想，这一做做了多少年？

生：三十年。

师：挺累呀，做一天好做。做一件好事容易，做一辈子好事很难。装一天容易，装三十年难不难？

生：我认为他并不是做给别人看的，因为课文中有提到，在57页，他说那个时候知道这件事的人不是老了就是死了，所以说基本上没有人知道这件事。而且是在他自己家里，他装的话别人也不知道，所以说我感觉他并不是装出来的，而是自己真实的，真的是对梅侍萍有过真实的感情的，但是后来因为种种的，包括当时的一些封建思想和利益的驱使，他最后改变了。可以从后面的文章中他说过的一句话看出，就是在62页，他说"好，痛痛快快的，你想要多少钱吧"，他把这件事跟金钱放在一起，他认为在他的眼里没有什么事是金钱解决不了的。就感觉，他后来就是因为利益的关系，对以前的那种感情就没有了。

师：嗯，就是说他原来是有感情的，只不过现在已经——

生：现在没有了，现在给慢慢地淡化了。

师：是不是淡化了？大家想一想，在侍萍说周朴园的时候，在说她后来的生活的时候，你看一看周朴园有一个举动，我不知道你们仔细看没看。刚才那位读舞台说明的同学读了，说是"汗涔涔"，有吗？有印象吗？还有什么啊？望着相片，望着侍萍，刚才我们这个朴园（分角色读朴园的同学）还挺像，一边往上看，一边看看侍萍，挺像。原来的文章中，就是原来的剧本中，还有两个字，这里给删掉了，叫"半晌"，晌午的晌，"半晌"。他说："你怎么来了？谁指使你来的？""汗涔涔"，这是什么呢？来。

77

生（A）：首先这是一个雷雨天的前夕，马上要下雨了，所以说这个天气首先是非常闷热的。这首先是一个观点。另外——

师：就是流汗，对吧？

生（A）：对，流汗。而且在这个鲁侍萍阐述了当时的情形之后，他被提到了心里伤心的地方，从内心表现出来的一种紧张。然后他内心有一种愧疚和紧张，有不安，所以说他才会汗涔涔的，十分紧张。

师：哦，你觉得朴园怎么样啊？

生（A）：他的心里对侍萍也是有一丝牵挂的，因为在开头他一直在找他的旧雨衣，说明他还是比较念旧的。然后因为后来的政治关系，而且当时他是周家的一个少爷，所以说，跟家庭关系，而且还有社会的影响有关，他才不得已放弃了这个爱情的追求。

师：三十年了，你们俩相见了，为什么不能相认呢？为什么不能破镜重圆呢？

生（A）：因为他就是迫于社会的一种舆论吧。

师：如果是你，你会认吗？（台下大笑）

生（A）：呵呵，那得看——

师：看什么？

生（A）：就是跟社会的形势有关吧。

师：有什么关啊？认了有什么的？

生（A）：因为他这个社会它是一种封建的理论。

师：咱不说那个社会，咱说今天这个社会。你和侍萍三十年不见了，你们两个相逢了，你会认吗？你现在有夫人，有孩子，你会认吗？

生（A）：那肯定不行。

师：为什么不行？

（台下大笑）

生（A）：……

师：咱别老拿社会说事儿，咱们就说现在，你会认吗？

生（A）：因为当时他已经娶了繁漪大小姐，所以说他对于现在一种婚姻的情况来说，对于周朴园肯定是不能选择再去和侍萍一起的。

师：为什么？

生（A）：这个——

师：很难回答吗？

生（A）：肯定是跟他当时的思想有关。

师：我说，你现在会认吗？读文学作品啊，怎么去读？我们在指责周朴园的时候很容易，"你三十年你都应该坚持的"，对吧，"三十年你也要一直爱着的"，不爱着，这就不叫爱过。但是如果落到你，你会吗？读文学作品最重要的就是让心沉浸到作品之中去。文学作品，伟大的文学作品，好的文学作品，它肯定是直指人性的。为什么我们现在还要读《雷雨》？（板书：人性）它肯定要直指人性的，如果他仅仅是写了那个社会，和我们现在这时候无关了，我们大可把它当做一个古物来把玩它，而不要我们现在这么去读，现在的话剧还在演它。像你们可能比较熟悉的濮存昕，曾经就演过里面的角色，演过周朴园啊！为什么还要再演它？如果它不指向人性的话，我们不用心去触摸这个作品的话，那这种阅读，我觉得要打折扣了。所以我再问你，你如果是他，你怎么办？

生（A）：是会承认这一切。

师：哦，你会承认？

生（A）：因为以前的一切必须要有一个结果。

师：那繁漪怎么办？不管了？

生（A）（紧张思索）：⋯⋯

师（指着这个学生说）：汗涔涔。（全体大笑）大家想想，刚才那个汗涔涔的时候，这是不是愧疚？刚才朴园说了很愧疚，是不是很愧疚啊？

生（A）：老师，刚才这位同学说过他的两个观点，就汗涔涔这三个字，一个就是天气的原因，二就是他对鲁侍萍的旧情，就是他可能有点紧张。但是我认为呢还有一种原因，就是这个汗涔涔啊，因为这个周朴园，在当时就已经比较有身份，算是一个有身份的人了，地位比较高，他害怕鲁侍萍这次来，是来揭发他的，是来把他这些过去做错的事情，这些老底儿都给他翻出来，公开于世人。然后他就害怕在别人知道他做了这些事情以后对他有别的看法。就是他非常在乎自己的名誉，所以说我觉得他这个汗涔涔也有这层意思。

师：对，很好，嗯，请坐。这里也有一种紧张，因为正像咱们同学所讲的，周朴园是现在社会中的好人物，这直接威胁到他的利益，家庭和利益。来，侍萍还有要说的。

生（B）：先请同学们看 61 页，就是鲁侍萍说的，刚刚老师也提到了，"那是因为周大少爷一帆风顺，现在是社会上的好人物"。这句话象征了他现在的社会地位关系，我觉得周朴园他代表的不是他个人，从《雷雨》流传至今，周朴园代表的是金钱至上，名誉至上，利益至上的这一类人。我觉得这篇文章，还是对现在的我们有一种呼吁作用，就是呼吁我们应该——

师：警戒作用，是吧？

生（B）：对，警戒，就是呼吁人性本善，要善良一些，不能一切都金钱至上，还是要有一些真感情的。

师：我想问那个侍萍啊，你是一开始就认出周朴园来了对吗？一进这个房间，然后认出来了，那你为什么不抓紧时间离开？或者为什么不当场就揭穿他？为什么你还要……哎，就是你的事，要不然你早就下去了，这个戏就没了。你老是在这里。

生（B）：我也是想看一下他到底对我还有没有那一点怀念之情，和当时对我的感情是一种真感情，还是一种欺骗、一种年少时的冲动而已。

师：你看，呵呵，你也很厉害。（台下鼓掌大笑）哈哈！注意啊，你是想看一看，三十年了，周朴园对你的爱是不是真的，是吗？

生（B）：对，我觉得，就是回归现在，我感觉周朴园，无论他的陈设还是他的旧习惯，都是为了追忆自己的年少时期，为了追忆自己的青春，而不是追忆那一个人。

师：不是追忆侍萍？

生（B）：对。

师：好，还有，你要注意啊，还有一句我记得你读的时候要注意，你读得很有感情，当周朴园认出来侍萍的时候，你说"朴园"，你还记得吗？"侍萍在这儿"，泪要涌了出来，是吗？是不是有这一句？

生（B）：对。

师：你为什么叫朴园啊？你为什么不说周朴园！而且泪要涌了出来，"朴园，侍萍在这儿"。

生（B）：我觉得我是对他有一种提醒的作用。

师：那不用流眼泪。

生（B）：就是"你还能想到，三十年前，我们在周公馆的那些美好的回忆吗？我以前都是这么叫你的，我现在还是这么叫你，你还是原来那个你吗？"

师：原来哪个你？

生（B）：原来那个……老师一开始提到的这堂课要求是的两个字。

师：哪两个字？

生（B）：本真，是吗？

师：对啊。不是，我就说是哪个你，这个周朴园是哪个周朴园？你不是说了，还是不是原来那个周朴园呀？那个你，那个周朴园是哪个周朴园啊？

生（B）：没有这么看重社会的名利，没有这么看重金钱的——

师：那他那时候看重的是什么？

生（B）：年少时光。

（台下大笑）

师：哈哈，看重的年少时光，年少时光的什么？

生（B）：年少时光的种种感情，不只是对她的这种感情，我觉得还有很多。他可能就只是回忆自己的青春而已。

师：肯定是回忆青春，但是她肯定有最在意的东西，什么啊？（问另一个女生）

生：我觉得侍萍最在意的就是周朴园对她的感情。

师：一针见血。你们不要不好意思说，我知道的。嗯，好。是不是看一下你还是不是三十年前那个你？好，请坐。咱们如果读过整个剧了，你再想一想其中第三幕有一句话，就是侍萍的一句话，她在对她女儿说的时候，她的女儿也步了她的后尘，对不对？她就说了："孩子啊，我爱你，我太怕你走错了路。我恨，恨人，人是最不可靠的，人心是不可靠的。不是说人心坏，是我恨人性太软弱，太容易变了。"这是第三幕，同学们！第三幕这已经见过

81

周朴园了，对吧？已经经历过这一段，最后说的是什么？是坏吗？是人心的坏吗？不，是人性的软弱！人性的软弱，人性的易变，这指的是谁呀？

生：周朴园。

师：周朴园。什么叫变？原来坏的话现在还坏叫变吗？原来不真现在还不真叫变吗？那原来是什么样的？至少在侍萍眼中，周朴园原来是什么样子的？是不是爱她的？只不过太软弱。什么使他软弱了？

生：家庭环境。

师：嗯，家庭环境使他软弱了，社会使他软弱了。实际上我们可以再去挖一挖，就是我们读作品，通过作品中的人物去看那个社会。我不讲过了吗，就是一个作品它反映的人的这种爱情的观念，实际上折射了社会的观念。是当时那个社会使他软弱，他自己做不了主，于是懦弱。他不像你们熟悉的，比如西方的王子，宁可爱美人，也不爱什么？

生：江山。

师：江山。对，女同学就是敏感，宁可爱美人不爱江山。为什么？这里就有个人性和社会之间的这种关系问题。（一男生举手）好，这位同学。

生：老师，我们在座的同学可能读过全剧版，知道周朴园的儿子周萍，在喂他母亲吃药那段我们可以看出来，他在父亲的严厉管教下，就相当于一个仆人，深深受他父亲的影响。我们都知道有其父必有其子，周朴园年轻的时候，肯定也是深受他家庭的影响，所以说当时赶鲁侍萍走，他就是因为受这个封建家庭的管教，服从他的家人，所以说没有自己的主见。

师：这个同学非常棒，他马上就联想到了周萍，在给他后母繁漪喂药的时候，是不是也是这样下跪来给他母亲喂药？为什么？他愿意不愿意？他不愿意，但是迫于什么啊？迫于他父亲的这种淫威，是不是？跪下！中国一代一代的男人都是这样子。（台下大笑）要想找一个爱美人不爱江山的，好像没有啊。当然了，这就说明了这个社会的确是不正常的。我觉得这是曹禺他想说的一个方面，就是人性的这种软弱。

为什么要用"雷雨"做这个剧本的题目啊？

生：我认为以"雷雨"作为题目有很多层意思。最浅层的字面意思，我们可以看出故事的结尾是发生在一个雷雨天气，这是最浅层的意思。还有我

82

理解的深一层的意思，就是他以"雷雨"为题目，可以表现出这所有的人物，包括关系，还有他的性格方面、变化方面，就像雷雨一样，变化不定。从周朴园的身上可以看出人性，他对爱情的看法包括其他都是跟随他的年龄、名誉、利益什么的来改变的，就是像雷雨一样，变化无常。也不是变化无常，就是，怎么说呢？

师：情节起伏。

生：对，就是情节的波动。

师：还有吗？（走向一个女生）

生：首先，这个剧本，故事发生在雷雨天，也是因为最后结尾的三个人，四凤、周萍和周冲，都是惨死在雷雨天。然后又暗示了三个人的，就是周鲁两家的生活的曲折，变化无常。

师：变化无常。（走向另一个女生）

生：我觉得这个题目也预示着两家人生活之间突然间的一个大变动。因为雷雨通常都是来得很突然的，就像这件事一样，最后的时候，周朴园失去了孩子，侍萍也失去了她的孩子，就是他们的生活突然之间就像被这样一场雷雨打断，预示着他们最后的生活的一种突然的变化。

师：实际上呢，可能还会有更多的含义，咱们同学们说的这些也都是有道理的。课后，大家还是要去再探讨一下。大家想一下周朴园，我们说周朴园最后也是一个悲剧结局，这部剧实际上整个就是一个悲剧，不该死的死了，最年轻的力量是不是最不该死？不该疯的疯了。周朴园，这一个实际上活得最没意思的人，成天靠回忆过去生活的人，怎么样啊？却让他活着，不能让他死，这是不是上天对他的折磨？大家要知道，曹禺写这部剧把周朴园塑造成这个样子，就是说既有真情，也有冷酷，他觉得钱可以玩转一切。不过你想一想，周朴园不给侍萍钱能给侍萍什么呢？侍萍一安定了，整个家庭就不安定了。繁漪是不是就不安定了？周朴园也就不安定了？是不是处于一个两难境界？《雷雨》这部剧，整个就是一场纠结连着一场纠结。到了下一轮，就是周萍和繁漪之间，和四凤之间，是不是又在演绎着他父亲的故事？这一场剧实际上是两场戏，整个戏剧就有了张力。周萍跟周朴园是不是重复的戏？这是不是一个轮回呀？

大家可以想一想，周朴园实际上是很惨的。侍萍，很惨。当然，我们希望的那种爱情，那种历久不衰的爱情有没有？有，同学们，不光年轻的时候有真情，年老了也希望他能有，你们还年轻。再有，大家想，周朴园这个人物的塑造，给我们一种感觉，就是说你恨他恨得那么彻底吗，侍萍？（指着那位分角色读侍萍台词的女生）对，不是。正像曹禺曾经讲过，周朴园也是个人，资本家也是有人性的。淹死两千两百个小工的是他的人生，同样爱他所爱的人，需要感情的温暖，也是他的人性。只不过他的软弱，人性的软弱，当然了，软弱的不仅是周朴园，对不对？这里就要注意我刚才一开头的时候跟大家讲的，我说中国的现代话剧，是从曹禺的手中成熟的，为什么要讲这些？是因为我们古典的戏曲，比如说像《三堂会审》，像《霸王别姬》，像《窦娥冤》，你们以后还会了解这些。你看一看，它写的人物，要么是好人，要么就是坏人，当然有可能是悲欢离愁，但是它绝对没有这种纠结。没有纠结的人物，你能感觉到在这部剧中，好像冥冥之中有一种东西在控制着剧中的人物，对不对？想过没有，怎么四凤那么巧就来到周朴园家了呢？又重复着过去的老故事呢？买的是同一张旧船票呢？是不是冥冥之中有一种东西。西方戏剧，就是写一种凌驾于个人之上的一种精神艺术，它直接触及人性，社会的矛盾、社会的思想、社会整个的道德。我们基本上都是写好人、坏人的纠结，很少有这种对命运的关注。因为在我们古老的文化传统中，只有圣人、贤士才能对社会做出一种阐释。《雷雨》就不同了，看出来了吗？所以曹禺曾经说过这样一句话："我是怀着一种悲悯的心情来写剧中人物的争执的，我也期望着，看戏的人怀着悲悯的眼光来俯视这群地上的人。"同学们能理解吗？人性，是复杂的，就像周朴园一样。当然，我很希望你们个个"三观"都好，希望你们遇到真正爱情的时候，男同学们比周朴园要坚强，女同学们不要有侍萍这种命运。要注意，我们读作品一定要从我们自身的角度，从一个人的角度，从一个普通人的角度去读，千万不要站在道德的制高点，否则的话，没有人值得你去同情，你审美的眼光就会出问题。要从人性出发，孩子们，你们还小，希望你们有一场自己的轰轰烈烈的爱情，千万不要当儿戏啊！好，下课！

生：老师再见！

师：同学们再见！谢谢大家！辛苦啦！

· 听课回响 ·

最是本真显风流

福建省泉州市泉港区教师进修学校　刘宗勇

在"第八届名家人文教育高端论坛暨名师课堂研讨会（中学）"上，我聆听了王岱老师执教的《雷雨》一课。《雷雨》是我国现当代戏剧的杰出作品，被认为是"中国话剧现实主义的基石"，写了周鲁两家八个人物由于血缘纠葛和命运巧合而造成的矛盾冲突。课文节选的部分一共有两场戏，地点都是周公馆的客厅。第一场写三十多年后周朴园和鲁侍萍再次相见，第二场写周朴园与鲁大海、侍萍与周萍相见。戏剧的矛盾冲突紧张激烈，但是，由于作品反映的是20世纪20年代的故事，这对于今天的中学生来说，是有距离感的。通过文学作品的人物对话、舞台说明等，明确戏剧的主题，并对中学生思想和人生观具有积极的启发意义，是有一定难度的。王老师能举重若轻，师生交流平等顺畅，对文本的理解也水到渠成，恰到好处，课堂教学智慧和教学风格凸显。

一、简约却不简单。

王老师的课朴实自然、从容亲切，课堂上没有刻意设置动人情境，没有制作精美的多媒体课件，甚至连课堂的导语也是言简意赅，自然切入文本的阅读。一开始，王老师问学生"看过话剧吗？看过什么呀"，了解学生对文本的熟悉程度，引出对话剧的简单介绍，指出"有了《雷雨》，中国的话剧就有了和小说、散文比肩的地位"，寥寥数语就点明了《雷雨》在中国文学史上的地位，也激发了学生阅读文本的好奇心和兴致。紧接着，王老师趁热打铁让学生介绍《雷雨》整部戏的主要内容。通过学生的介绍，戏中的主要人物悉数登场，更巧妙的是，王老师用五个"△"揭示人物关系，使得错综复杂的人物关系变得一目了然，PPT展示出来显得极为简洁明了。

不仅于此，王老师巧借"△"顺势让学生谈谈"为什么文学作品要写爱情"，让学生明白：文学作品通过描写爱情来反映社会，爱情会折射社会，折射人性，是文学的永恒主题。简单的几次师生交流，问题不多，却清晰明白地梳理了《雷雨》的主要人物、主要矛盾和主题。课上至此，已然充分调动了听课师生的好奇心了，学生带着学习的欲望不知不觉地沉浸在课堂之中，让人不得不暗暗感叹王老师对文本的解读和理解之深刻，对学生学习心理理解之透彻。非深谙教学之道，如何能有此神来之笔。

为进一步深入文本，王老师提出"周朴园和鲁侍萍到底咋回事""周朴园到底爱不爱鲁侍萍"的问题，这也是本节课要解决的重点。但是，王老师并不急于让学生发言（尽管有学生跃跃欲试），而是先让三位同学分角色朗读第二幕周朴园和鲁侍萍的对话，让全体学生从特定情境中的"人物"的对话，再次回归到文本中来，感受人物的内心世界和思想情感。在此基础上，师生讨论交流问题，通过学生的讨论争辩、老师的引导启发，达到既引领思考、启发思维，又深读深挖、升华主题的目的。

可以说，王老师的课堂是朴实的，却是真切的；是简约明了的，却又是步步推进，处处匠心的。

二、对话尽显魅力。

在课堂中，王老师用了很多时间让师生对"周朴园到底爱不爱鲁侍萍"这一个主要问题进行充分而深入的交流讨论。可以说，师生在课堂上的对话交流给我留下深刻的印象，一些精彩深刻而又充满睿智的话语久久地萦绕在我的脑海。

魅力源于文本。王老师的课堂，师生始终紧扣文本阐述观点，始终依据个性化的语言进行合理推断，始终基于文本的真实解读，引发思考、激发思维、层层推进。比如：学生谈到周朴园之前对于侍萍是有爱情的，王老师及时提醒同学一定要从文章中、剧本中来得出自己的观点；王老师还在学生讨论过程中，多次让学生思考：鲁侍萍"很自然地走到窗前，关上窗户，慢慢地走向中门"等动作，周朴园的"汗涔涔地""望望柜上的相片，又望望侍萍。半晌"等体现人物情态的词语。这些也都体现了老师引导学生从读者的角度，原汁原味地阅读的教学理念。

魅力源于生成。特级教师李仁甫先生认为，真正的课程应该在教学现场，随时随地会出现精彩的生成。王老师营造了亲切平等、和谐开放的课堂，促发灵性，适时助学。学生敢于思考、敢于质疑，乐于讲、善于辩，大胆发表自己的意见和看法。课堂为学生提供了一个充分展示的舞台，提供了精彩生成的自由与空间，课堂呈现了动态的行云流水一般的风格。请看其中一个小片段：

生：……我认为周朴园代表的是社会上金钱至上、名誉至上的一类人，这篇文章还对我们有一种呼吁作用，呼吁人性本善，还是要有一些真感情的。

师：侍萍一进门就认出了周朴园，为什么不抓紧时间离开或者当场就揭穿他？

生：我（指侍萍）是想看一下，到底他（指周朴园）对我是否还有怀念之情，当时对我是真感情还是欺骗，还是仅仅是年少时的一种冲动而已。

师：你很厉害！对呀，三十年了，侍萍是想看看周朴园对自己的爱是不是真的，是吗？

生：我觉得，周朴园无论是房间的陈设还是旧习惯，都是为了追忆自己的年少时光和青春，而不是为了追忆那个人。

师：不是追忆侍萍？

生：对。

师：还有，剧本还有一句话，你当时读得很有感情，在周朴园认出侍萍后，侍萍说："朴园，你找侍萍么？侍萍在这儿。"为什么叫他"朴园"，而不是直呼"周朴园"？而且"泪要涌了出来"？

生：鲁侍萍是要提醒周朴园，是否还记得三十年前的美好时光，自己还是原来的自己，你还是原来的那个你吗？

师：原来哪个你？哪个周朴园？

生：没有这么看重社会名利、金钱的周朴园。

师：那他当时看重什么？

生：年少时光。

师：年少时光的什么？

生：年少时光的感情。……

很显然，这里老师是时刻关注学生的回答的，通过学生的回答即刻生成问题，步步追问，引导思考，促使问题的解决。可以说，这些精彩的对话就是教学内容和解决方式的现场，而师生之间形成平等的对话，又有力地促进了课堂精彩的生成。

　　魅力源于合作。合作学习是新课程倡导的学习方式，个体在自主探究学习的过程中，在没能解决问题的时候，就需要其他人的帮助和支持。王老师的课堂体现了生生合作、师生合作的鲜明特征。比如，王老师让学生概述《雷雨》的主要情节，在学生回答不全面、遗漏了重要人物和重要情节时，其他同学加以补充，老师也及时进行提示引导。在同学们围绕"周朴园到底爱不爱鲁侍萍？"这一问题展开交流讨论时，我们也能看到，学生阐述之后，其他同学从不同的角度发表自己的观点，老师也对每一个同学的发言进行点评、归纳和提升。尤其值得称道的是，老师在和学生亲切探讨交流、合作的过程中，始终没有给学生一个"标准"的答案，而是始终不断地进行引导启发，始终以一个"平等者"的姿态参与其中。这也许是王老师的课堂合作顺畅有效而又毫无造作之嫌的重要原因。

　　三、本真直指人性。

　　王岱老师说："我希望我今天的课堂是一堂正常的课。老师们看课不是去看剧，是看一看这个课能不能和平时的课接地气，我们能不能在平时就这样上。我希望我的课永远本真，永远贴近学生，永远属于一个正常的课，而不是表演课，不是'涂抹了胭脂'的课。"王老师的课堂实践了她自己的主张。

　　本真课堂关注学生，让学生成为课堂真正的主人。课堂中，王老师把学习的主动权交给学生，充分发挥学生学习的积极性、主动性和创造性，让他们基于自己的阅读体验和对文本的认知，与文本对话，注重培养学生自主学习的意识和习惯。课堂中，学生积极参与，老师重视课堂"布白"，善于、敢于、乐于给学生留下一定的时间和空间，以提供学生独立体验与思考的机会，关注课堂中学生的学习状况，抓住课堂的生成点、矛盾点和困惑点，通过层层追问，设疑启发，"学生的思维看似受到阻滞，其实是在'愤、悱'中进行思考和交锋，一旦有所突破，必然出现了一个高度的流畅的境界"。

　　本真课堂关注学生，为学生出彩的个性喝彩。课堂中，王老师对学生的朗读、对话总能及时给予中肯的评价，对学生的精彩发言给予由衷的喝彩称赞，始终没有给学生一个现成的"标准答案"。王老师是学生学习活动的组织者、合作者和引导者，充分尊重学生的个性发展的需要，细心呵护学生个性的差异,让学生充分表达自己的看法,让学生充分展示自己的才能。

本真课堂关注学生,重视培养学生良好的人格品质。我认为,就语文课堂教学而言,语文的工具性、人文性密不可分,至于在具体课堂教学处理上,工具性与人文性孰重孰轻的问题,只是基于老师对课设计的需要或者说基于教学目的的选择,然而,教师无论做出什么样的选择都必须考虑学生获得了什么,是自主获得或是教师灌输后获得,是否提高了学生的语文素质,是否培养了学生良好的人格品质。课堂中,王老师能及时发现并纠正学生发言中存在的不足,多次强调"学习文学作品要从自身感受出发",不贴所谓的"道德标签",在学生充分思考交流、思维交锋的基础上,水到渠成地将解决问题的力量聚集在"人性的软弱"上。王老师在课堂结束前的总结,精炼精彩,充满睿智,毫无突兀之感,是课堂的高潮。因为有了前面的思考对话的铺垫,对学生思维层次的提升、审美能力的培养和人格品质的培养的效果自然也是十分显著的。

行文至此,我不禁想起,陶行知曾说:"千教万教,教人求真;千学万学,学做真人。"王老师的"求真",就是教师真教、学生真学,做到真读、真说、真写,求得语文之"真知"。

清水出芙蓉,天然去雕饰

山东省胶州市初级实验中学 徐 伟

听王岱老师的课,竟不知不觉和学生一起思考,一起争论;和学生一样困惑,一样纠结。及至课结束,脑海中还回旋着课上的种种精彩。绕梁三日之后,沉淀在心底的是一个温雅从容、仔细倾听的身影,是一个不疾不徐、耐心追问的声音,是一节朴素简约、回归本真的课。

一、教学设计简约、大气,如戏剧般扣人心弦。

教学设计的第一部分介绍曹禺和话剧,像一个序曲,引发了学生对现代戏剧的小小兴致。第二部分通过学生复述故事梳理人物关系,教师用一张简约的图，进一步强调戏剧的特点就是激烈的矛盾冲突，且勾起了学生大大的好奇。五组三角关系，是啊，曹禺太伟大了，现代电视剧中刻画一组三角关系就引人入胜，这是五组呢！如此错综的关系，作者如何展开？

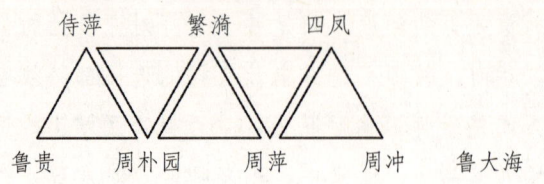

```
          侍萍    繁漪    四凤
         △  △  △  △  △
        鲁贵  周朴园  周萍  周冲  鲁大海
```

第三部分为课的主体，一个主问题——你认为周朴园爱鲁侍萍吗？学生忍不住跃跃欲试，大家都有话可说，可是似乎又不太好说，困惑、纠结、争论……学生在矛盾冲突中深入思考。第四部分"雷雨"为题的含义，深入探讨人性是复杂的，人性是脆弱的，生命在不断轮回。

二、一个主问题加适时追问，引领学生渐入佳境。

在抛出"你认为周朴园爱侍萍吗"这个问题之后，王老师指导学生对第二幕进行了分角色诵读，既让学生再次走进文本，又给学生思考的时间，让接下来的讨论能贴着文本进行。此问题真是一石激起千层浪，学生有认为爱的，有认为不爱的，也有没主意的。然后，学生根据文本进行了争论，教师则耐心地倾听。在学生的分析不能深入时，教师这样追问认为周朴园爱侍萍的学生。

师：看一看舞台说明"汗涔涔，半晌"。

生：天热，朴园愧疚、紧张、不安……

师：为什么相见不能相认？

生：影响他在社会上的声望……

师：如果是你，你会认吗？

生：不会。

师：为什么不会？

(生沉默)

师：看，他也汗涔涔了。

在众人的笑声中，教师点评说，伟大的作品总是关乎人性的，一定要沉下心来，把人物放到人的本位上去讨论，而不能站在道德的制高点上去评判人物。

这样的追问与点拨，让学生走出过去以道德规范去评判人物的定势，学会以生活的常情去揣摩人物内心，从而对社会、对人生有更深刻的体察。

一个女生前后三次发言却始终认为朴园不爱侍萍，是一个自私自利、利益至上的商人。王老师这样追问她——

师：侍萍，你为什么开始认出周朴园，不立刻离开，却和他说了那么多？

生：她追忆自己的青春。"你还是原来那个你吗"，称呼的变化表明侍萍最在意那份感情。

师：你叫"朴园"，为什么会双眼含泪？

（生沉默）

师：（引领学生读侍萍劝四凤的一段话）在侍萍的眼中，周朴园曾经爱过他，只是人心太软弱，人心容易变。

这样的追问与点评，紧贴文本，让学生在思考中重建对人物的解读，体现了教师对作品的尊重、对学生的尊重。接着，王老师运用教材，又不止于教材，就人性的复杂引到现代戏剧对"命运"的探讨。以曹禺先生的话作结："我以悲悯的心情来写这群人，也希望看我戏的人以悲悯的眼光来俯视地上的人。"

三、一个语文老师的美好姿态——慢慢走，欣赏啊！

从教十九年，听过许多课，语文老师能克制住自我表现的欲望，让学生充分地去发挥的，不多。在以高效为背景的语文课上，能放慢节奏，欣赏文字和形象之美的，更不多。所以，语文教改以来，提得最多的一句话是"学生主体，教师主导"。但时至今日，又有多少能摆正自己在课堂上的位置的为师者呢？在王老师的课上，我们看到了一个引领学生慢慢走的欣赏者的姿态。

毋庸置疑，王老师具备丰厚的学养，对作品有精准而深刻的解读，但是她却能站在学生边上微笑着倾听，让学生说，充分地说，展开说。她对学生的发言也能有智慧的评判，但是她不说，她等待着学生自己边思考边判断。

这节课不是时下所流行的节奏紧凑、知识容量巨大的所谓高效课堂，它的气氛甚至是宽松的，学生的心灵是舒展的，但是学生的思维得到了锻炼。教师和学生在课堂上不是"演"给台下的观众看（台下的观众也成了教师或学生），而是真的沉入文本，沉入自己的心灵深处，也沉入社会生活的土壤中去体悟。大家表达的是自己的真实想法，老师不必为引起台下的观众的欢呼而矫揉造作，学生也不必去努力迎合教师的意图。说出心灵的声音，满足自己"不吐不快"的愿望，仅此而已。

　　这样的课会有纠结，因为教师抛出的问题，不是简单回答"对与错"就可以的了，有纠结就有思考。这样的课堂不乏笑声，因为真实的表达总会有漏洞，但有改错就有进步。这样的课也会有掌声，可这掌声绝不是给教师的，因为教师已隐藏自己的光芒，把舞台上最闪亮的灯留给了学生，而她是那个掌灯人。这样的课会有成长——思想的成长。因为学生在与文本、与教师、与同学、与自己的心灵对话的时候，在观点的推翻与重建中，对人性进行思索，再不会以简单的善恶论去给人盖棺定论，学生对人心有了更多的体察，对他人也会更多些同理心。

　　王老师这节课如芙蓉婀娜多姿，展示了本色之美，又能让我们体味到她的一番匠心。我想，如果说王老师执教的一节节韵味悠长的课如菡萏盛放，那么她丰厚的文化底蕴应是滋养菡萏生长的清水了。愿我们每一位语文教师，能不断凝聚自己的一汪清泉，以期哪天也会有菡萏香飘。

·课堂实录·

《春望》课堂教学实录

执教：刘 霞

师：首先要告诉孩子们的是，今天在坐的各位老师都是从全国各地来的。他们是为经典的文字，也是怀着共同的教育理想而来。所以作为济南人，我们也以我们的真诚来欢迎远方的客人！

（生起立面向台下鞠躬）

师：刚才的阿姨是夸刘老师呢。我就是你们的普通老师，私下里称我是什么来着？

生：霞姐。

师：嗯，霞姐，是吧！没有什么过多的荣誉，我就是一个寻常的老师，同样我们的课也是。什么叫真诚，我觉得就是我们上寻常的课。大家现在可以想象一下，我们换了一个地方，但是这个地方同样有书卷气，只是换了一个教室而已。我看大家还是身体绷得有点直，咱要不要放松一下，像我们的早读一样，可不可以啊？好，那我觉着就从《秋水》开始吧。来，歌诀体，"秋水时至"，预备，起——

（师生歌诀体诵读《秋水》）

【PPT】
没有诗人的时代是死的

师：我们就这样开始，让心沉静下来，怀一颗柔软一点、谦卑一点、沉静一点的心，走进诗歌当中去。从哪儿开始呢？从这句话开始——没有诗人的时代是死的。这是八年以前，姐姐在写给我的一封信当中说到的一句话，她说没有诗人的时代是死的。那时候刘老师三十出头，还是有点儿心高气傲，心浮气躁，不能完全体会。后来慢慢地，读一点诗，了解一点诗人，似乎就渐渐地明白了一些什么。至少我觉得，我们确实需要像杜甫这样的诗人，而且是永远的需要。所以，今天我们一起去读杜甫的《春望》。

每个人心里面一定都有一个杜甫，我们想一想从小学到现在的诗，根据你的阅读体验，关于杜甫你印象最深刻的是什么？能不能跟大家分享一点儿，根据这两天的专题预习，分享一点你最想说的。来，俊希。

生：就是我觉得杜甫其实是一个比较有抱负的人。这是因为我在前几天的专题预习中，看了他的《八阵图》，就是"功盖三分国，名成八阵图"。然后这里呢，我感觉他不仅是在赞颂诸葛亮，也是在暗示自己也要像诸葛亮一样，就是那种功业十分高的一个人。

师：好，还有？孙昊。

生：我觉得杜甫是一个忧国忧民的人，因为他写过很多诗。比如："安得广厦千万间，大庇天下寒士俱欢颜。"我觉得这句诗表达了他在战乱时分，还想国家、还想人民的那种感情。

师：是他伟大的写照啊。好，还有？俏儿。

生：我认为呢，杜甫是一个非常善于控制自己情感的人。因为从《江南逢李龟年》中可以看出来。"落花时节又逢君"，这里看似云淡风轻地写了一个与故人的重逢，但其实呢，正是写了饱含自己一生的那种悲哀以及痛苦。

师：好，还有，乐童。

生：我去查阅资料，然后我发现，大家知道杜甫是怎么去世的吗？当时杜甫去一个庙里祈祷，结果发洪水了，被洪水困住了。困了大概有一周的时间。后来等水退了以后，他的一个官员朋友立刻划船过去救他，然后给他炖了一锅牛肉。他当时本来在祈祷之前，就没怎么能吃上饭，加上他又饿极了，一下子就把那些牛肉都吃了。因为在饥饿的时候吃了一些不好消化的东西，然后他就去世了。根据这件事，我认为杜甫一生是一个非常冤屈，非常不得志的人。

师：她查了一些可能是传闻的材料。所以从他一生的经历来讲，很多人说，杜甫是一位苦难诗人。还有没有想分享的？小叶。

生：我觉得杜甫是一个十分爱国的人。我们小学都学过杜甫的《闻官军收河南河北》。从这一首诗可以看出，作者听到官军收复了河南河北以后十分高兴。而且根据年谱可以看出，杜甫并不是被朝廷重用的，但是他还是一直对朝廷忠心耿耿。

师：里面有一句，特别让人振奋的一句说"白日放歌须纵酒，青春作伴好还乡"。我们心目中都有自己理解的杜甫的样子，但如果说我们要更加真实地走进这位诗人，要对诗人保持最大的尊重，就要去多读他的诗。今天这首诗《春望》，我们不妨来先把题目读一下。平长仄短，来，把题目读一下。

【PPT】

春　望

生：春望。

师：好。单看这个诗的题目，也就是我们抛开这四联诗所写的，你觉着最易引发你的联想或感受的是什么？书缘。

生：如果只看这个题目，我觉得最能引发我联想的就是一种百花争鸣，然后鸟儿也都在唱歌的那种很欢快的景色。

师：嗯，顺刚。

生：我最有印象的是这个"望"字。因为我是每当读到这个"望"字，我就能感受到了盼望家乡的那种感觉。

师：好，也是这个，还有吗？岷植。

生："望"字我觉得是这个题目中比较深刻的一个字。因为他望到的可能是国君的昏庸，还望到了普通老百姓的一些苦难。

师：你已经结合了诗歌内容。如果单看题目的话，你觉得一下子让人触动的感受可能是什么？来，雪怡。

生：我认为也是这个"望"字，我觉得这个"望"字它饱含了种种情感。

从这个"望"字中我们可以想象，杜甫在那样动乱的时期里，仍然具有对百姓的同情。

师：大家已经走进诗歌里边了。我们小学的时候学到过关于描写春天的诗歌，大部分写到春天的时候，一般会怎样去描写？比如说"春色满园——"（生接"关不住"），"一枝红杏——"（生接"出墙来"）。所以只看这个题目的话，是不是会感觉应该是明媚的春光，应该是山花烂漫，应该是花香鸟语。可是呢，杜甫偏偏没有呈现这样的景象。让大家去关注这个题目，其实是咱班陈鉴清同学启发老师的，要让大家特别关注一下，他在课下的这个专题预习当中，通过和父亲的交流，然后查阅资料，有了非常令人惊喜的发现。好，这节课，咱们"学生大讲堂"，由鉴清同学来开讲！（全体鼓掌）

生：我给大家说一下我的小发现，就是，我看了这个题目以后，是结合诗中的内容，把一些感想来给大家说一下。这个"春望"，"望"是仄声，我认为这个"望"大概分为三重意涵。第一重，"望"是十五日的满月，就是《月体纳甲》中说"十五乾体就，盛满甲东方"。阴历十五日这一天，月亮从东方升起，是和春天的目位重合的，所以说这个"望"字有代表团圆、喜庆、强盛等正面意涵。但是这首诗里，他描写了一种破败的景象，正好和题目形成了鲜明的对比。你看《诗经·小雅·采薇》里头说（吟诵）："昔我往矣，杨柳依依。今我来思，雨雪霏霏。"被征召戍守说的是哀事，却是"杨柳依依"的美景。而今他归来了，他却说这个"雨雪霏霏"的哀景。所以王夫之说："以乐景写哀，以哀景写乐，一倍增其哀乐。"更体现了诗人所表达的情感。

"望"的第二重意涵是，亲人在外，家人盼望归来。就是希望如圆月一般圆满。所以说古人经常用月亮来寄托、表达思念之情。李白在《闻王昌龄左迁龙标遥有此寄》里面写："我寄愁心与明月，随风直到夜郎西。"这是一个很典型的例子。

"望"还有第三重意涵，"望"也是祭祀的一种，具体为四季中对名山的祭祀。"望"又有这种哀悼的意味，表现了杜甫对逝去的大唐盛世的哀悼与感伤，是从一个人对家的这种思念推及国家民族的衰落与衰败，表达了这样一种情感。我认为是这样的。

（台下鼓掌）

师：第一点大家应该可以听出来，他结合了《易经》从"望"字分析。第二，"望"有家人团圆之意。第三，"望"字又有哀伤、哀祭的意味。后生可畏，咱们继续往诗歌里面走。这是一首五言律诗，请问：它是平起还是仄起诗歌？

【PPT】

春 望

杜 甫

国破山河在　城春草木深

感时花溅泪　恨别鸟惊心

烽火连三月　家书抵万金

白头搔更短　浑欲不胜簪

生：仄起。

师：仄起诗歌。还记得诗歌四联的名称分别是？

生：首联、颔联、颈联、尾联。

师：好，请你读出内部的平仄。稍微思考一下，读出诗内部的平仄。一三五——

生：（一三五）不论，二四六分明。

师：好，看看能不能保持一致，读出诗内部的平仄。预备，起——

生：仄平，平仄，平仄，仄平，仄平，平仄，平仄，仄平。

师：是极合格律的一首诗。"恨别鸟惊心"这个"别"字，我们现在是读第二声，看上去好像是平声，为什么我刚才在听的时候你们把它读仄声？

生：因为"别"这个词在这里是个入声字，所以要把它归到仄声里去。

师：请问这首五言律诗一共有几个韵字？

生：我认为一共有三个韵字，分别是"深""心"和"惊"。

师：好，那我们来看一下。

【PPT】

春 望

杜 甫

丨 丨 — — 丨～

国破山河在　城春草木深

97

　　　　　—　　│　　　！　—
　　　感时花溅泪　　恨别鸟惊心
　　　　　│　　│　　　│
　　　烽火连三月　　家书抵万金
　　　　！│　│　　！！—
　　　白头搔更短　　浑欲不胜簪

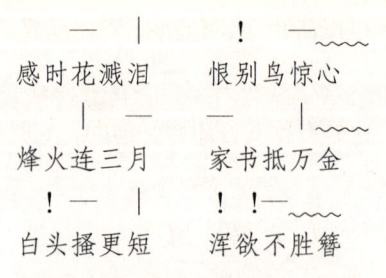

◆平韵·十二侵：侵寻浔林霖临针箴斟沈深淫心琴禽擒钦衾吟今襟金音阴岑簪琳琛椹谌忱壬任黔歆禁喑森参淋郴妊湛

师：看，刘老师标了几个押韵的字？

生：四个。

师：四个，最后一个没有提到是"簪"。我们来看，我们的《平水韵》当中十二侵部里面，我们来看这四个字是不是在同一个韵部里边儿？是不是？所以这首诗有几个押韵？

生：四个。

师：有四处韵脚，请你标好。平仄交替就是诗歌内部抑扬顿挫的节奏美，也是紧扣着诗人情感的一种起伏之美。而押韵的这几个字不断地回环，它好像在反复酝酿诗人的情感，在不断地加深、回荡、缠绕一样，所我们平长仄短，入声短促，韵字回环地去或读或吟，来体会一下你发现了哪个字的奥秘。自己自由地或读或吟。

（生或读或吟）

师：有没有发现声音的秘密？选一个你印象特别深刻、有感触的字。慢慢读，慢慢体会。先小组分享。

（生小组分享）

师：说一说你的新体会。韫睿。

生：分享一下第一句（吟诵）"国破山河在"。我觉得这个"破"字让我感触比较深。因为"破"字是一个仄声字，前边这个"国"字是一个入声字，这两个一结合，就能凸显出作者心中的悲痛，再与后面的"山河"，尤其是这个"河"，它是一个平声，一对比可能更把城里现在的那种凄凉表现出来。

师：因为仄声有时候它的强调意味比较浓，而平声有一种延长之感，似乎能引发无限的情思一样。好，来继续发现。成燊。

生：我想说颔联的（吟诵）"感时花溅泪"，我想说这个"花"字。这个"花"本来就是春天美丽的景物，但是因为长安已经沦陷，诗人看到这些景物不再是美丽的，反而变得更加悲伤。我从颔联这一句里感受到诗人的悲伤。

师：就像刚才鉴清说的，是以乐景来衬哀情。一鸣。

生：我想说的是（吟诵）"家书抵万金"这一句，然后我想说这个"万"字。我觉得他说的家书不一定是家书，而是亲人的音讯，因为战争中联系不上，就是这样的。

师：那么这个"万"是什么声？

生：仄声。

师：仄声在强调这封家书的重量。继续。

生：我还是很想谈一下首联"国破山河在，城春草木深"中"破"和"深"两个字。首先"破"，就是一种陷落的意思。"草木深"在这里指的是人烟稀少。以前是一种很繁华的景象，但是现在国都陷落，虽山河依旧，春天又来临，但是眼前却是杂草丛生。当时的繁华与现在的残破不堪是一种强烈的对比，体现出诗人的深沉忧国。

师：体现出诗人的万分忧虑。浩川。

生：我想说一下最后一句（吟诵）"浑欲不胜簪"。最后一句我们发现，"欲"和"不"都是入声字，然后就是前面"浑"是个平声，这个地方他不光指的是杜甫自己，他的头发都扎不起来了，像整个国家。整个国家已经非常混乱，显出了杜甫这个忧国忧民的心情。

师：这是由人及国。

生：而且非常急切地想帮助国家恢复原先的兴旺。

师：我们用这样的方式去读诗会发现，我们比以前的朗读更深切地体会到诗人的情感。所以，讲究格律的用字是诗人杜甫痛心的发声。这是谁的力量呢？这就是音形意结合体的汉字的力量，是诗歌的力量，当然更是杜甫作为诗人的功力所在。我们继续以这样的方式往下追溯，因为这明明是春天。

【PPT】

　　　　　山河在，

　　_____不在……

师：九月，长安城沦陷已经百日，但是大屠杀已经过去。劫后的京城是惨不忍睹的。胡兵杀汉人是连婴儿都不放过的。杜甫反而因为官位小、名声微，侥幸逃过一劫。但是他被困在长安，不敢出城。此时我们试着想一下，试着感受诗人心境，现在——他放眼望去沦陷的长安城，可能要不禁感叹：山河依旧在。什么不在了？雨辰。

生：我认为是"山河在，亲人不在"了，因为经过连年的战乱，妻离子散，自己都被叛军给抓住，困在城里面。（吟诵）"家书抵万金"，这一句说明他已经收不到亲人的消息，找不到亲人。所以我认为是"山河在，亲人不在"。

师：之前，他在流离当中，把家人暂时安置在了一个地方，可是现在，他依然无法回到亲人的身边。山河在，什么不在？

生：我认为是"山河在，当时城里的繁华景象不在"。请大家看第一句"国破山河在，城春草木深"，从"草木深"可以看出，现在整个城里已经是一片凄凉，到处都是像荒野一样，一点儿也不见当时长安城的繁华景象。

师：大唐盛世一去不复返。山河在，什么不在？俏儿。

生：我也认为是"山河在，当年的繁华和人不在"了。大家还是看第一句"国破山河在，城春草木深"，从"草木深"就可以看出来。唐朝的都城是当时大唐盛世的文化中心和经济中心，但是经过安史之乱的屠城之后，深深的荒草里面其实掩盖着森森白骨，所以当时就是那种繁华的景象和大唐的文明已经被安史之乱的铁蹄践踏在那些荒草之下。

师：好。山河在，杜甫会慨叹什么不在？亦菲。

生：我认为是"山河在，愉悦地欣赏美的心已不在"。看到第二句（吟诵）"感时花溅泪，恨别鸟惊心"，就是说这是春天很美的景象，有花有鸟。但是当时，国已破，他也妻离子散，所以他已经没有心情去欣赏春天的花鸟这些美丽的景象。

师：诗人应该是具有最敏感的心灵的，可是此时花香鸟语已经不在他的视野之中了。乐童。

生：我认为是"山河在，乐不在"。因为从《江南逢李龟年》也能看到之前的繁华胜景，他经常去宫廷里，跟李龟年去赴宴，在宴会上作诗。那些场景是很快乐的，但是现在朝廷也败落了，根本没有人能有这样快乐的心情，所以我想说的是"乐不在"。

师：山河在，什么不在？星语。

生：我认为是"山河在，情不在"。请大家看第三句"烽火连三月，家书抵万金"里面的"万金"两字。我想说的是"亲情"的"情"。很多家庭因为战争就像杜甫和他的家人一样，被隔开了。

师：这个"情"是因为很多人都面临着生离死别。贺立妍。

生：我认为，我们说"山河在"，其实不在的也是"山河"。我们知道杜甫是一个非常有家国情怀的人，家即是国，国者为家。然后呢，在他的心目中，这个"山河"是只属于大唐的，可是现在安史之乱，都城沦陷了。"国破"，"山河"名存实亡，这样名存实亡的"山河"，在他心里，还谈何"山河"呢？

师：是不是此处有掌声啊？

（生鼓掌）

师：明明就是春天，哪里又是春天？杜甫此时站在沦陷的长安城，他因为这样几近国破家亡而局限在这一城之内。可是，他也会想到昔日的繁华。

【PPT】

这是繁华的长安城，
一个再平常不过的春日……

师：假如时间能倒流，我们回到这样的一个春日，还是当年繁华的长安城，是一个再平常不过的日子，就是春天。我们如果可以穿越，请问在长安城里，你是谁？你在做什么？穆青。

生：我叫安禄山，我"摧眉折腰事权贵"，皇帝还总嘲笑我的体重，这个老滑头，终有一天我让他尝尝我的厉害。让他抱着我的腿，求我不要杀掉他。然后，我不管是谁，我只要看他不顺眼，我都要杀掉他。终有一天我会统治这个世界。难道如果不能流芳百世，那还不能遗臭万年吗？我就要做这个遗臭万年的人，看谁能笑到最后。

（全体大笑）

师：呵呵，很鲜活。咬牙切齿的感觉要出来了。灾难开始。

生：既然他是安禄山，那我就当唐玄宗吧。我觉得这个春日里，我望着我的国家，望着我们欣欣向荣的一片景象，我会感觉心里特别自豪，因为这毕竟是我治理的国家。

师：嗯，好，因为唐玄宗开创了……

生：开元盛世。

师：开元盛世。你志向大，刘老师可能就没有大志了。如果我能穿越，估计还是教几个小顽童吧，从你们当中挑几个。今天要读什么呢？我得好好想一想，如果谁刚才走神儿，我一定要拿戒尺先打两下。繁华的长安城，这个春天你是谁呀？书缘。

生：我觉得我会是一个卖糖葫芦的老奶奶。我觉得这个繁华盛世里面肯定有很多小孩儿出来玩儿，来买我的糖葫芦。

师：请问这位老奶奶卖糖葫芦卖得怎么样啊？

生：卖得很好。

师：可以自给自足。

生：嗯，自己也可以吃两根。

师：繁华的长安城，这个春天请问你是谁？宇沁。

生：如果我在繁华的长安城，我可能是街边的一朵小花。繁华的景象里，我很庆幸我在这样的长安城里。即使是最平凡的，也能看到这长安城里的一切美景。但是我又不禁有一点儿担忧，过不久后长安城又会变成怎样的景象？还会是这样繁华吗？

师：如果你欣赏，要不吝惜你的掌声。（生鼓掌）如果你是一朵花，我希望我穿越时空的时候能认出你。你是谁？我们每个人都可以穿越。是吧？桓宁。

生：我觉得如果我能来到这繁华的长安城，我就只会做一位老农，过平凡的生活。但我觉得只要能够在这大唐盛世，一直那么充实地生活下去，就已经很满足了。

师：请问您儿孙可满堂？

（全体大笑）

生：或许吧。

师：哈哈，你是谁？轩铭。

生：我可能是店铺的老板，然后看着店里来的客人很多，看着我攥成堆的银子，感觉非常自信，然后将来还可以把店铺再做得大一些。

师：哟，有经营头脑。也可以考虑当时唐朝发达的经济，对外贸易你可以考虑一下啊。萧唯。

生：我会是一个正在抓蝴蝶的小孩子。当时我比较小，所以不会考虑一些政事，只会充满好奇心地对待生活中的每一样新的事物，然后充满童真地做好生活中的每一件事。

师：这是儿童的天性。最后穿越，你是谁？俏儿。

生：我觉得我比较俗气，我想做杨贵妃。因为在那个繁华的长安城里，我可以欣赏最美的花，然后在华清池当中沐浴，感受当时的美景、当时的繁华，以及毫不吝啬地说我自己的美丽。还可以在宫中巡游，与唐玄宗一起赏花喝酒。

（全体大笑）

师：我这样理解：这是一个爱美的女孩子的一个想法，是人之常情。当然我也在隐隐担心，确实，离大唐盛世结束不远了。你看，不管大家是谁，你可能都在过着自给自足、和乐安康的日子，可是这一切因为一场战争，全部破灭。不管你刚才怀着何种愉悦的心情，不管你是谁，都要面临着这场大屠杀，都要面临"国破山河在，城春草木深"。

【PPT】

破 深

师：（吟诵）"国破山河在，城春草木深。感时花溅泪，恨别鸟惊心。"大家还有没有印象，我们小学的时候，其实也学过一首杜甫的诗，叫"黄四——"

生："黄四娘家花满蹊"。

师：也有花也有鸟，可杜甫的心情是多么不同啊。整个冬天啊，杜甫住在空荡荡的房子里，几乎不敢出城。某一个夜晚，他偷偷溜出来，到了曲江河畔。他站在江畔，忆起了刚才大家说的长安的繁华。

【PPT】

少陵野老＿＿＿哭

春日潜行曲江曲

——《哀江头》

师：此种情境之下，你听到了怎样的哭声？

生：我觉得他应该是低声哭泣，"少陵野老低声哭"。因为他如果大声哭、嚎啕大哭，万一被人听见，生命可能就会遭到威胁。所以说他既想表达自己悲伤的感情，又怕自己的生命遭到威胁，因此他只能低声地表达自己哀伤的情感。

师：他甚至哭都要顾忌自己是否有性命之忧。少陵野老怎样哭？方南。

生：我认为是无声的哭。因为他看到这片景象，已经无能为力，是悲伤到极点的那种感觉，所以说他已经哭不出声音来了。

师：这就是"此时无声胜有声"，哭不出来。

生：我觉得应该是"少陵野老哽咽哭"。因为杜甫毕竟是经历过唐朝长安城繁华的，但是看到现在经过安史之乱后整个城已经是名存实亡了，所以他在这样的长安城，可能就是哽咽地哭吧。

师：压抑着自己悲痛的心情。来，孙昊。

生：其实我想说的和刚才那个同学的一样，无声的哭。但是我觉得"吞音哭"更好。因为他不仅是哭不出来了，他把所有的忧国忧民以及妻离子散的悲伤全部压抑在自己的心里，却忍气吞声地留在了自己的心里，所以我觉得"吞音哭"应该更好。

【PPT】

少陵野老吞声哭

春日潜行曲江曲

——《哀江头》

师：谁人能解杜甫心？"少陵野老吞声哭"。这是多么悲痛的一种哭声。刘老师每每读到这首诗，读到这句，几乎没有办法读下去，我总会在这儿停一停。这可能是我读诗到现在，最不能承受的一种哭声。所以，当我们回到这首诗的时候，你看同样有花，同样有鸟，杜甫的《春望》和这首诗相比，这样的花鸟又有何不同了呢？我们先来把这首诗复习一遍。

【PPT】

江畔独步寻花·其六

黄四娘家花满蹊，
千朵万朵压枝低。
留连戏蝶时时舞，
自在娇莺恰恰啼。

（生齐读）

师：看到花，听到鸟鸣，有什么不同？弈含。

生：结合当时的时代背景，写《江畔独步寻花》这首诗的时候，杜甫已经有了稍稍的安顿，所以说，他的心情也好了很多，于是就有了这种欣赏美的心情。因此这个时候他看到的花和听到的鸟鸣都是很美的。

师：但凡身心稍有安顿，就能够去欣赏美。雨辰。

生：我知道人的最基本的需求就是安全，有了安全才能去想别的事情。首先呢，在写《春望》的时候，杜甫很没有安全感，他受战乱牵连，没有心情去看任何东西，他只想着如何活下去，怎么出去，怎么去找亲人。但这首《江畔独步寻花》，是他有了稍稍的安顿之后的这么一个感觉。所以说二者最大的不同，就是当时战乱的状态，以及杜甫身处的处境。

师：所以他说（吟诵）"感时花溅泪，恨别鸟惊心"。国事的感伤，离别的怅恨，哪有心情去看花，去听到这声鸟鸣，哪里能够心情愉悦起来？我们不妨再回顾一下，七年级课本上，刚刚读过的《江南逢李龟年》。

【PPT】

当时天上清歌，今日沿街鼓板。
唱不尽兴亡梦幻，弹不尽悲伤感叹，
凄凉满眼对江山。

师：这是李龟年所唱之词，当时名满京城的宫廷乐师，现在只能唱什么呀？我们一起来回顾一下——（师生吟诵）"岐王宅里寻常见，崔九堂前几度闻。正是江南好风景，落花时节又逢君"。你一定能够慢慢体会到杜甫为何会发出如此深沉的感慨。国在他心中，城在他心中，家也在他的心中，他还是

105

一位父亲，他也是一位丈夫。可是此时，他恰恰和亲人经历着这样的离散。他这样在月夜当中抒发对于妻子、对于儿女的思念。来，先把这首诗吟诵一遍。

【PPT】

月　夜

杜　甫

今夜鄜州月，闺中只独看。

遥怜小儿女，未解忆长安。

香雾云鬟湿，清辉玉臂寒。

何时倚虚幌，双照泪痕干。

（师生一起吟诵）

师：最触动你的是什么？浩川。

生：最触动我的是"何时倚虚幌，双照泪痕干"。我发现，"双照泪痕干"就是他的泪已经流完了。不管是他对家乡的思念，还是对国家的悲伤，他的泪都流干了，说明非常悲伤。

师：所以这里其实还是期望啊，期望团圆能够抚慰他期盼、离乱的心。

生：我们再看"月夜"。我们一般看见月亮都会想到团圆，想到一切美好的景象，"今夜鄜州月"，就是感觉像平常一样，我们都向往团圆，但这个时候，泪都已经流完了，极其悲伤。

师：他想念的是他的孩子，他的妻子，想念的是没有音讯的家人。触动你的是？方南。

生：我注意到（吟诵）"闺中只独看"。这个"看"是读平声，这个"独看"就是他自己在这里看守。"闺中"是内室的意思，"闺中只独看"指的是在这个内室里面他自己看守着，说明杜甫是非常孤独的，他自己一个人也不知道有什么能干的事情。

师："闺中只独看"流露出诗人的孤独，这是从谁的角度来抒发这种情感的？

生：妻子。

师：妻子，有没有像今天早读我们吟过的诗，（吟诵）"君问归期未有期，巴山夜雨涨秋池。何当共剪西窗烛，却话巴山夜雨时"。可是那叫《夜雨寄北》，他还能收到书信。杜甫期盼重逢，可家人音讯全无，生死未卜啊。孙昊。

生：触动我的是第三句（吟诵）"香雾云鬟湿，清辉玉臂寒"。我觉得"玉臂寒"表达了妻子在月下，望着月亮，想念杜甫的时间很长，胳膊都寒了，衣服都湿了。从这我不仅感觉到了杜甫对妻子的牵挂，还有妻子对杜甫的那种牵挂。

师：我们可能难以深切、真实地处在这样的情景当中去感受诗人此时对家人的挂念，但是大家生活当中可能都有这样的体验。你可能因某一些原因，就和父母暂时分开，当我们下了飞机、下了火车，如果你要发信息，你报给父母的是什么呀？

生：平安。

师：对啊，"我到了"，我们是要报一声平安。可是谁来给杜甫报平安啊？怕是铁石心肠的人，读到这首《月夜》也有心酸之处，那么这封家书有多重呢？

【PPT】

一封家书的重量

乡书何处达？归雁洛阳边。

——王湾《次北固山下》

马上相逢无纸笔，凭君传语报平安。

——岑参《逢入京使》

洛阳城里见秋风，欲作家书意万重。
复恐匆匆说不尽，行人临发又开封。

——张籍《秋思》

未读书中语，忧怀已觉宽。
灯前看封箧，题字有平安。

——高启《得家书》

师：我们先来看前两首，第一首《次北固山下》。那么这样的家书和杜甫的这封家书相比，有什么不同？我们先来回顾一下《次北固山下》。

师生（吟诵）："客路青山外，行舟绿水前。潮平两岸阔，风正一帆悬。海日生残夜，江春入旧年。乡书何处达？归雁洛阳边。"

师：前两首诗和杜甫的那封家信相比有何不同？来，小叶。

生：我觉得有几个不同。首先，《次北固山下》中"乡书何处达？归雁洛阳边"，说明家书应该已经寄出来了，并有目的地，知道家人还活着，只不过是给家人报一声平安。但是杜甫并不知道家人在哪里，甚至连他们是否活着都不知道。所以相比之下，杜甫对家人的怀念还是更深切一些。《逢入京使》中"马上相逢无纸笔，凭君传语报平安"起码是知道了家人还健在。杜甫当时是在战乱时期，连自己的这一声平安都不一定能向家人报得了。

师：战乱之下，一切皆有可能，可能这封书信真的不知道要寄往何方。再来读张籍的《秋思》，和这一封相比，杜甫的家信又怎样呢？他说"复恐匆匆说不尽""欲作家书意万重"，这封家信里面会写什么呀？华宁。

生：我觉得诗人想向家人多表达一些，但对于杜甫来讲，只是想让家人知道自己平安，他远没有张籍这样有人帮他送信。所以我觉得越发能感到杜甫对家人的牵挂与思念。

师：他不要千言万语，他可能只需要两个字——平安。这是战乱当中的人最期望的。俏儿。

生：我觉得张籍的这一首《秋思》和杜甫的想写家信又没有条件应该是两个极端。一个是"复恐匆匆说不尽，行人临发又开封"，写了千言万语，恨不得把自己所有生活的细节以及对家人的牵挂和关心全都附在信纸上。而杜甫呢，那种深沉的悲苦以及当时的凄凉，已经不可以用语言来形容，只是想简单地给家人说一声"我还活着，我还平安地活着"而已。

师：也许摊开信纸的那一刻，什么都写不了。来读最后一首，《得家书》。再来体会一下，杜甫的这封家书有多重。顺刚。

生：根据"未读书中语，忧怀已觉宽"，体现了当时的高启得家书之前十分着急，然后得到家书之后感觉好轻松啊。可是杜甫呢，他现在连家人的死活都不知道，自己的平安都可能保不住。举个例子，如果他一直忧怀下去可能得病，但是杜甫呢，当时应该是精神崩溃，就是《春望》最后一句话说的"白头搔更短，浑欲不胜簪"。

师：当看到这封信，哪怕没有开启，悬着的心也放下了。可是杜甫能看得到吗？"烽火连三月，家书抵万金"。那你觉得这封家书有多重？以你的体验,他说抵万金,你说有多重? 穆青。

生:诗人的妻子儿女远在他乡,诗人担忧着一家人的安危。如果久盼音讯不至,然后他消息隔绝,可以想象诗人的心情是多么的焦虑,这种情感乃是人之常情,一下子触动人心里最柔软的地方。

师:那以你的感受来讲,有多重?

生:我觉得这封家书的重可以让他从极度焦虑,到放下心来,而且可以让他释然。

师:这封家书有多重? 用你觉得形象的一个说法来说这封家书有多重。昕宇。

生:我认为这封家书有一颗心的重量。这颗心它里面悬着杜甫对家人的关心和思念,家书寄了,这颗心也就放下了。本来这颗心是悬着的,放下了以后杜甫感觉安心了。

师:这可能是一封永远寄不出的家信,这可能是一封寄出了但是收不到的家信。"家书抵万金",这仅仅是对于杜甫而言吗? 还有谁?

生:我觉得当时安史之乱,大家都饱受战争之苦。可能大家都经历了生离死别,家人失散,甚至是永远都见不到了。"家书抵万金",不仅是杜甫,可能所有人都是这样。杜甫他不仅是表达了自己的感想,也表达了所有人的感想。他也在表达人们对战乱的反对和对和平的期望。

师:杜甫不仅是在表达自己的悲痛,当他抬眼的时候,他看到了普天下的苦难,看到了所有人的期盼,看到了所有人的愁苦。所以这封家信,他既寄给自己的家人,也寄给天下所有离乱当中的"家人",可是不知道能不能收到。他是丈夫,他是父亲,他还是兄长。

【PPT】

月夜忆舍弟

杜 甫

戍鼓断人行,边秋一雁声。
露从今夜白,月是故乡明。
有弟皆分散,无家问死生。
寄书长不达,况乃未休兵。

师：这首《月夜忆舍弟》读来也是令人心动。（吟诵《月夜忆舍弟》）这就是杜甫，他有国，他有家。诗的这三联，在起、承、转之后，汇合到了诗的最后一联。

【PPT】

诗人小像素描·形与神

白头搔更短，浑欲不胜簪。

师：这是45岁的杜甫，这就是诗人的一幅自画像，如果让大家给这幅自画像来命名，你会给它命名为什么？诗歌的特点是凝练，那么也建议大家在命名的时候以最精炼的字或词语来给这幅画命名，来给杜甫命名。稍作思考，把这幅画的名称写下来。

（生书写）

师：雨辰。

生：我命名"忧国土"。这个"白头搔更短，浑欲不胜簪"都是因为担忧国家，担忧江山社稷，这得是身体虚弱到什么地步才能让他的头发都那么容易断，那么脆弱。所以我命名"忧国土"。

师：还有吗？建斌。

生：我认为一"愁"字即可。因为不管是"白头"还是"不胜簪"，都是因为他对现在沦陷的长安城的一种担忧，所以我认为这一幅画可以命名为"愁"。

师：那就让杜甫的这幅自画像沉淀在自己心里。这就是杜甫的诗，诗里有国，有城，一国一城，一家一人，一发一簪。前者何等悲壮慷慨，后者何等柔软哀伤。（吟诵）

【PPT】

杜甫似乎不是古人，就好像今天还活在我们堆里似的。

——鲁迅

杜甫半生流离，却从未停止歌唱。

——冯至

师：鲁迅先生说："杜甫好像今天还活在我们堆里似的。"刘老师也极喜欢冯至先生的话："杜甫半生流离，却从未停止歌唱。"所以我们永远需要这样的诗人，需要这样的诗。因为像杜甫这样伟大的诗人永远在大地之上，引领我们的阅读不会停止。下课！

生（起立鞠躬）：老师再见！

·听课回响·

吟诵　举象　联读

广西柳州市柳北区教研室　李佳桦

2016年11月，"第八届名家人文教育高端论坛暨名师课堂研讨会"在济南举行。山东大学附中刘霞老师一袭禅衣宽袍，以寻常宁静、质朴淡然的姿态，带领她的学生，沉浸在诗意的课堂里。绵延的浅吟低唱的吟诵，诗意想象的放飞，大量诗歌联读对文本空白的补白……让《春望》中杜甫的精魂，在这节"寻常"的课堂里，在每个人心中，活过来！

数月已过，那节课的气息依然在心头萦绕，此刻提笔，我的思绪飘回那"寻常"而又不寻常的课堂上，发酵，沉醉……

一、吟诵——以读促品，读中悟情。

古诗教学中，吟诵是对诗最大的保护。吟诵的整体性、音乐性是和诗的直接晤面，是在小心翼翼地保护诗作为一个整体、作为一个生命的存在。

刘霞老师深谙其道，一开课，就从自己的寻常做法开始：与学生一起边有节奏地轻击桌面，边轻吟《秋水》。课堂，从熟悉的吟诵开始，紧张的心、紧绷的身，变得沉静、柔软，老师和孩子，以及所有的听课者，被有魔力的吟诵牵引，走进诗歌中去……

接下来对《春望》的读、品、悟几个主要教学环节，皆以"吟读"为切入口，为主要教学手段，也为教学主线，将读进行到底。

首先是"读"。老师在学生初读后适时总结并过渡："诗歌平仄交替，是诗歌内部抑扬顿挫的节奏美、音韵美，也是诗人情感起伏之美。而那押韵的字，也不断重复回环，就像在反复酝酿诗人的情感，不断加深、回荡、缠绕。平长仄短，入声短促，韵字回环，请同学们或读或吟，去发现、体会声音中的秘密，看看你发现哪个字其中的奥秘。"

刘霞老师在"读"的教学环节中，真正做到了课标的要求：激发诵读兴趣，指导诵读方法，培养诵读习惯，形成诵读能力。

其次是"品"和"悟"。古人把读书时的品味、揣摩喻为"春雨润花、清水溉稻、鱼入水中、溪流濯足"，唯有全身心浸染于语境之中，方能知其意、得其趣、悟其神。

学生在接下来的品读过程中，未成曲调先有情，在有滋有味的吟读中品，以读促品、读中悟情。

看，学生的精彩品悟："破，仄声，有强调之意，突出国家陷落，内心悲痛；国，平声，有延长之感，似乎引发无限情思。当时的繁华国都与眼前的残破不堪形成鲜明对比，可感杜甫悲痛、深沉的忧国之情。""欲、胜，仄声强调：家散了，国败了，由人及国，万分忧虑。"……

老师适时总结：我们发现，这样的读，比以往更深切地让我们感受到诗人的情感。原来，诗歌中的每一个字，都是极为讲究格律的。诗人杜甫的痛心的发声，这是谁的力量？这是形音义为一体的汉字的力量，这是诗歌的力量，当然也是杜甫作为诗人的功力所在……

古诗教学，不应在诗句表面疏通上止步，而要带领学生抓住关键字眼，把静态、单向、凝练、抽象的语言文字，转化成丰满、多彩，具有连续性的画面形象，走进诗歌深处，引领学生读出诗句背后那份情、那份爱、那颗心、那种味。无疑，刘霞老师以"吟读"为手段和中介，抓住关键字眼，带动全篇，成功实现了这种深入和转化。

"会心吟诵得其韵"，把吟诵融入教学的全过程，吟诵成了这节课最基本的策略、主线。"以读促品，读中悟情"在刘霞老师的《春望》课堂里，得到了精彩的演绎。

二、举象——融情想象，聚焦照亮。

诗歌的形式特点是想象的、虚拟的、假定的。刘霞老师抓住诗歌的特点，巧设情境，引导学生融情想象，与诗歌文字背后诗人绚丽的"情感世界"

相遇。

三个情境的创设，点燃想象，聚焦关键字眼，成为对这首诗令人兴奋的"照亮"。每一首经典的诗，都是沉睡在暗夜中的美人，如果没有被"照亮"，其千般风韵、万种风情，就无从捉摸、无可想象。三个情境创设：

一是："山河在，＿＿＿＿不在。"

二是："这是繁华的长安城，一个再平常不过的春日，你是谁，你在做什么？"

三是："少陵野老＿＿＿＿哭？"

学生在想象中，化身安禄山、唐玄宗、杨贵妃，或是一个老农、一朵小花，穿越到繁华的和屠城后的长安城中，看到长安城深深荒草下的森森白骨，和之前大唐的盛世繁华形成强烈对比。此刻，灰黑色的课件背景中，赫然出现"破""深"两个大字，"不管你是谁，都要面临这场大屠杀，面临着'国破山河在，城春草木深'……"

融情想象后对关键字词的聚焦，瞬间再次照亮全篇。杜甫对国事的感伤，对离别的惆怅，再次得到深入骨髓的感同身受。于是，第三个情境的还原，就水到渠成了：少陵野老无声哭、哽咽哭、吞声哭……学生真正体会到了国、城、家都在心中的杜甫那深沉的家国情怀。

"诚心直观得其象"，此刻，因为有了想象和对"破""深"的聚焦，"象"的叠加，以及连续呈现，自然形成了一个意境。学生们融入这个意境以后，和诗人心心相印。这首诗对学生来说，就不再是干巴巴的40个字，而是内蕴多重情感，能照亮和丰富自己生命体验的人格化的艺术品了。

三、联读——互文解读，扩大疆域。

从教学的广度与深度出发，为了扩大精神疆域，拓宽学习视野、更深地品味主旨意味、增强文化积淀，无疑，联读，也即互文解读，是实现以上目的的有效路径。应该说，任何比较式阅读都是互文解读。

刘霞老师在课堂中引进了八首课内外诗歌，有效补充了对《春望》的精神气质和主题的感受与理解。当某种复杂的情感、博大的精神，具体化为有机的结构或传承关系的链条之后，就很容易为学生所理解、接纳。

《江畔独步寻花》中赏花观鸟的愉悦，与"感时花溅泪，恨别鸟惊心"的哀痛形成鲜明对比；《江南逢李龟年》中的世境离乱，年华盛衰，凄凉聚散，让杜甫的"恨"与"泪"成了学生可触可摸的感悟。接下来，四首与"家书"有关的诗句——王湾的《次北固山下》、岑参的《逢入京使》、张籍的《秋思》、高启的《得家书》与"家书抵万金"的对比阅读；《月夜忆舍弟》的哽咽吟唱，让与杜甫一样在苦难流离中寄不出、收不到家信的离乱之人的痛苦与绝望，成为每个孩子心头沉甸甸的哀伤……杜甫心中的国、城、家、人、发、簪，就成为了慷慨悲壮、柔软哀伤的精神链条。

"潜心联读悟其神"。学生，在互文解读的过程中亲近了古典的诗性世界，情感、精神，得以生长；课堂，也在这样的互文解读中显出宏阔大气的风格气象来。

"会心吟诵得其韵""诚心直观得其象""潜心联读悟其神"。杜甫的精魂，《春望》背后的情味和意蕴，在吟诵、举象、联读的召唤和引领下，氤氲在每个从课堂中走出来的人的心里……

浅唱低吟，走进诗歌

山东师范大学第二附属中学　朱莲莲

刘霞老师宛如从唐代而来，带着一身书卷气为我们构建一个充满诗意的深度课堂。她让学生吟出诗中的平仄，她教学生唱出诗中的情思，她在浅唱低吟中和学生一起漫步徜徉在古诗的课堂，和学生一起营造一个古诗"场"，让听者陶醉其中。关于古诗教学，刘老师为我们提供了很多值得思考与借鉴的方法。

一、虔诚谦虚，知人论世。

叶嘉莹在《迦陵论诗》中有言："杜甫是这一座大成之诗苑中，根深干伟，枝叶纷披，耸拔荫蔽的一株大树，其所垂挂的繁花硕果，足可供人无穷之玩赏，无尽之采撷。"刘老师便是引导学生从了解诗人开始进行诗歌学习的。她安排学生进行了专题预习。课堂开始便在学生阐述对于诗人的了解中展开。学生有的联系杜甫的生平，为他一生的冤屈、悲惨鸣不平；有的结合杜甫的诗歌，赞他自然中流露的忧国忧民之情；还有的从历史的角度，评价杜甫之伟大神圣……这样的举动为读一首诗铺垫，不可谓不真诚，不可谓不虔诚。在这样的导入指引下，学生能在后面的学习中深入诗歌、读懂诗人就顺理成章了。

二、平仄吟诵，初步感知。

诗歌的艺术特点是凝练，走进一首诗歌首先需要帮助学生展开想象的翅膀，所以解题的时候，刘老师让学生借由"春""望"两个字想象情景，一下子把学生的视野由单纯地面对这首五言律诗，带到了真实可感的生活认知。本来属于春天的鸟语花香来到了课堂。刘老师还充分发挥学生的能动性，舍得用短暂的课堂时间给学生展示的机会，几分钟的"学生讲坛"，就让学生理解了"望"。主讲者不仅分析了"望"的三重涵义，还结合诗歌分析了诗人的哀伤。到此，学生的活动已经为接下来对于诗歌、对于诗人的解读奠定了坚实的基础。

对于战争思乡题材的《春望》学生很难从感性到理性地去理解诗人，读懂诗歌中的沉郁顿挫。刘老师却巧妙借助平仄、押韵，回归诗歌的本源，摒弃我们常用的轻、重、缓、急、重音强调等朗读指导，而是引导学生发现诗歌内部的平仄。"平长，仄短，入声短促，韵字回环缠绕"，这样的朗读指导似乎更形象具体地指导了学生的朗读。而学生声情并茂地朗读之后，刘老师让他们思考声音中的秘密，让学生分享朗读中感悟特别深的字，开启了学生的发现之旅。短暂的思考和简单的小组交流之后，我们听到了学生试探的回答，他们有的发现了"破"之悲怆，有的发现了"深"之苍茫，还有的读到了"恨"之切。不管什么样的回答，他们站起来范读的时候已经可以吟唱一句又一句的诗歌了。刘老师总结他们的感受多且深是因为声音的神奇、汉字的力量、杜甫的功力。而笔者认为，这其中还有老师对于学生朗读的指导和师生平时的积累沉淀。

三、对比浅唱，品评鉴赏。

这堂课的重中之重就是引导学生品评诗歌。刘老师不是简单就诗歌本身逐字逐句地解读，而是用几个问题引领学生自己探索诗歌的妙处。

第一联，老师让学生用"山河在，＿＿不在……"的句式说话。这就要求学生既结合诗歌背景又结合自己的想象和对诗歌本身的理解进行回答。学生们的回答也没有令人失望：

生1：我认为山河在，亲人不在……

生2：我认为山河在，繁荣盛世不在……

生3：山河在，其实不在的也是山河。我们知道杜甫是一个非常有家国情怀的人。家即是国，国者为家。山河，本是带有褒义的词语，在杜甫心中，山河是只属于大唐的，可是安史之乱以后，都城沦陷了，国破，山河也名存实亡，这样名存实亡的山河还算什么山河呢！

刘老师并没有对这些回答作出过多的评价，似乎学生的回答早就在老师的预想之中，足见老师对于自己的引导的自信。她只是缓缓地用另一个句式把沉浸在"山河在，而一切美好都不在"的痛苦中的学生拉了回来——

"这是一个繁华的长安城，一个平常不过的春日……"

"如果可以穿越，在长安繁华的日子里，一个再平常不过的春日，你会是谁？在做什么？"此问题一出，学生的思维马上活跃起来，有恶狠狠的安禄山，有自鸣得意的唐玄宗，有享尽荣华的杨贵妃，有天真活泼抓蝴蝶的小孩儿，也有悠闲种田的老农，连老师都忍不住穿越成拿着戒尺的先生。此时，学生能够把历史和自己的情感体验结合在一起，整个课堂都春意融融了，学生、老师都忘了正在学的是《春望》。然而此时，灰色底的幻灯片上出现了两个字"破""深"，刚才欣欣然的春日胜景戛然而止。老师了无痕迹的预设，让学生自然而然地跟着老师的引导走进了诗歌。此时，刘老师让学生为另外一首诗歌填空"少陵野老＿＿哭，春日潜行曲江曲"。她让学生思考，杜甫回忆起当时的繁华，会有怎样的哭声。结合了自己体验，思维已经完全打开的学生，很快就替诗人发声了，此时的诗歌不仅仅是杜甫的心声，俨然成了一整堂学生的心声。这样的状态下老师已经无需多言，诗歌是学生的诗歌，课堂是学生的课堂了。

对于其他几联诗歌的鉴赏，刘老师也处处有心却不露痕迹。首先是对于第二联"花""鸟"的赏析，她以诗解诗，对比《江畔独步寻花·其六》中的"花""莺"，来感知诗歌中同意象不同情境下的不同表达效果。又引入《江南逢李龟年》《月夜》《夜雨寄北》《次北固山下》《逢入京使》以及"洛阳城里见秋风，欲作家书意万重""灯前看封箧，题字有平安"等诗，让学生自己分析第三联"家书"的重量。这种以诗解诗的方式首先要求老师有极大的知识储备，其次要求学生有一定的鉴赏水平和较高的思维水平。这些都在这堂课上展示出来，可见刘老师及其学生在课下的积累。

对于第四联的解读，刘老师没有像前几句一样花费很大的气力，而是让学生给杜甫的自画像命名，要求形神兼备。此时已经不需要多少言语了，早已深入诗歌、深入杜甫灵魂深处的学生，以"愁""悲"等命名自画像，已经证明这首《春望》、这位诗人已然入驻他们的心灵。

一堂课下来，刘老师的引导如小溪出深山，无论是悲壮感慨还是柔软哀伤，都成了杜甫沉淀在所有听者心中的形象。借用刘老师结语用的诗人冯至的话"杜甫半生流离，却从未停止歌唱"，我想说：一堂课起承转合，跌宕起伏，学生从未停止思考，这便是诗歌教学的高境界吧。研究古诗教学的路漫漫，吾辈还需且思且行。

·课堂实录·

《梦游天姥吟留别》课堂教学实录
执教：黄玉峰

师：余光中先生有这样一段话写他对李白的评价："酒入愁肠，七分化作月光，余下三分呼为剑气，绣口一吐，就是半个盛唐。"

唐朝的诗人那么多，他居然说李白就是半个盛唐。这个评价很高。李白不仅诗写得好，字也写得很好。大家看，他的字写得多好，有盛唐的气象，飞动而沉着。《上阳台帖》："山高水长，物象千万，非有老笔，清壮何穷。"这个字和句都写得非常好，了不起。

大家读过《蜀道难》吗？因为我们理解这首诗，要先知道《蜀道难》，李白之所以能被请到京城去，和这篇《蜀道难》有很大关系，大家一起来读。

（师生共读）

《蜀道难》当时广为流传，传到贺知章那里，贺知章拍案叫绝。说，这是仙人写的，后来看到李白时，说"此谪仙人也"。另外有一个叫司马承祯的人，是个道士，第一次看到李白时也说了一句话就是"此谪仙人也"，就是说好像天仙下凡。李白有仙风道骨。

再来看《梦游天姥吟留别》，这首诗确实写出了他攀登高峰的气概，同样也写出了他内心的痛苦。

　　大家看，这是天姥山的景色，也就是他要去的地方。唐诗鉴赏辞典对这首诗是怎样评价的呢？说这是一首记梦诗，也是一首游仙诗，"安能摧眉折腰事权贵，使我不得开心颜"是出于对权贵的抗争，唱出了封建社会多少怀才不遇的人的心声。他对封建统治者投去蔑视的一瞥，表达了对污浊现实的弃绝，对腐朽权贵的蔑视，对理想世界的追求。我们印象最深的一句话是什么？"安能摧眉折腰事权贵，使我不得开心颜！"气壮山河啊，可见李白这首诗对大家的影响之大。不过，在这里我要问一下："你相信这句话吗？"

　　生：就李白的生平而言，有点不相信。因为李白曾在唐玄宗的宫里专门替他写各种诗，就是说唐玄宗出去游玩兴起时，会让李白写首诗什么的，比如著名的《清平乐》。

　　师：嗯，他已经感到有点像大话。那我们来看看，李白到底是怎样的人。我们现在来看啊，《梦游天姥吟留别》中他要到绍兴这个地方去和东鲁诸君告别。我要问一句，告别诗很多，这种类型的诗很多，绍兴这地方很美，大家去过吗？现在绍兴在开辟"唐诗之路"，就是在唐朝这个时代，到过绍兴的诗人很多，留下名字的有320人，李白、杜甫、元稹、白居易、杜牧等等这些诗人都去过，那么他们为什么都到那个地方去呢？好，我们来看几首诗：

【PPT】

　　　　　　离别家乡岁月多，近来人事半消磨。
　　　　　　唯有门前镜湖水，春风不改旧时波。
　　　　　　　　　　　　　　　　——贺知章

杜甫也去过，我们再看看杜甫的诗：

【PPT】

　　　　　　越女天下白，鉴湖五月凉。
　　　　　　剡溪蕴秀异，欲罢不能忘。
　　　　　　　　　　　　　　——杜甫

崔颢、元稹、白居易都去过，绍兴这地方确实很美。

【PPT】

　　　　　　鸣棹下东阳，回舟入剡乡。

119

> 青山行不尽，绿水去何长。
> ……
> ——崔灏

> 州城萦绕拂云堆，镜水稽山满目来。
> 我是玉皇香案吏，谪居就得住蓬莱。
> ——元稹

你看，这是曹娥江一带，这是李白的《越女词五首之五》：

【PPT】

> 镜湖水如月，耶溪女如雪。
> 新妆荡新波，光景两奇绝。
> ——李白

其实镜湖李白是去过三次的。

【PPT】

李白"东涉溟海"。

开元十四年（726）盛夏从广陵发往剡中。

途中作《别储邕之剡中》。

天宝六载（747）再次游览。

在公元726年。李白哪一年生的？701年，很容易记，是吧，杜甫比他小11岁，712年生的。李白在726年就去过，那么，在747年再一次游览，好，在学这首诗之前我先提几个问题：

【PPT】

一、告别朋友为什么写梦游诗？他可以写"李白乘舟将欲行"，也可以写"故人西辞黄鹤楼"，他可以写这样的诗，可他为什么告别朋友时写梦游诗呢？为什么告别时要说这样的话？

二、他要向朋友们传达什么信息？

三、从中可以看出李白是怎样的人？这是我们要评价的，来看看李白，通过这首诗，来了解李白其人。

四、学了这首诗你有何发现和收获？

不管你学语文也好，学数学也好，我教你们一个思路，这个思路就是：是什么？为什么？还有什么？把它荡开去。好，我们今天就讨论这样几个问题。

我们来读一遍这首诗。

（师生共读）

【PPT】

海客谈瀛洲，烟涛微茫信难求；
越人语天姥，云霞明灭或可睹。
天姥连天向天横，势拔五岳掩赤城。
天台四万八千丈，对此欲倒东南倾。
我欲因之梦吴越，一夜飞度镜湖月。
湖月照我影，送我至剡溪。
谢公宿处今尚在，渌水荡漾清猿啼。
脚著谢公屐，身登青云梯。
半壁见海日，空中闻天鸡。
千岩万转路不定，迷花倚石忽已暝。
熊咆龙吟殷岩泉，栗深林兮惊层巅。
云青青兮欲雨，水澹澹兮生烟。
列缺霹雳，丘峦崩摧。
洞天石扉，訇然中开。
青冥浩荡不见底，日月照耀金银台。
霓为衣兮风为马，云之君兮纷纷而来下。
虎鼓瑟兮鸾回车，仙之人兮列如麻。
忽魂悸以魄动，恍惊起而长嗟。
惟觉时之枕席，失向来之烟霞。
世间行乐亦如此，古来万事东流水。
别君去兮何时还？且放白鹿青崖间。须行即骑访名山。
安能摧眉折腰事权贵，使我不得开心颜。

我们一句句来看，"海客谈瀛洲，烟涛微茫信难求"，有的版本是"烟涛浩茫信难求"。海客是指出海的人。李白的朋友很多，他有各种各样的朋友，其中一个是日本人。我们知道，日本是岛国，笼统地称为蓬莱岛，是传说中的仙岛。李白有个日本朋友叫晁衡，尊称为晁卿，他十几岁的时候就来到了大唐，生活了三十多年，要回去，海上有大风浪，把船打翻了，消息传来，说他淹死了。当时李白正在和他很好的朋友喝酒，于是，他写了一首诗来悼念他。结果，晁卿没死，回来了，回到长安的时候，李白已经离开长安了，晁卿非常伤心，又写了一首诗来哭李白。我们来看下这首诗，来了解"海客"是有特指的，并不是指一般的打鱼人。

【PPT】

哭晁卿衡

李　白

日本晁卿辞帝都，征帆一片绕蓬壶。

明月不归沉碧海，白云愁色满苍梧。

你看，哭晁卿都写得这样美，四个画面，都写得非常美。日本晁卿，李白称他为卿。"晁卿辞帝都"，辞别了长安，这是一幅画面。为什么说是画面呢？他是唐玄宗亲自送别的，唐玄宗送他时还给他敬了酒，所以呢，这个场面非常漂亮。过去，各种各样的帆，绕着小岛，各种各样的岛过去，但是"明月不归沉碧海"，把他比成一轮明月，沉到了海底去了。啊，明月沉到了海底不能回来了，然后呢，"白云愁色满苍梧"，连白云、连天空都为他默哀，这种悼念的诗作真是漂亮，当时就轰动了文坛。晁卿回来了，他写了一首《望乡》：

三年长安住，归不到蓬壶。

一片望乡情，尽付水天处。

魂兮归来了，感君痛哭吾。

我更为君哭，不得长安住。

友人归来，李白已经被逐出长安了，两个人大约心灵有一种交流吧。我们可以看出李白为人很潇洒，很洒脱，所以呢，有很多朋友，连外国朋友都交。

我们知道"海客"的"客"，李白经常在他的文章中用这个"客"字，

《侠客行》中也用这个"客"。晁卿不是当地人,他是一个外来人,所以用了一个"客"字。

我们来看看李白的出生时间,他在《与韩荆州》中说"我本陇西人";在给《与安州裴长史书》中说"白本家金陵,世为右姓";又说"家本陇西人,先为汉边将",把自己说成汉边将的后代。一会儿这样说,一会儿那样说。结果,李阳冰《草堂集》中写道"李白,字太白,陇西成纪人,凉武昭王暠九世孙。中叶非罪,谪居条支,异姓与名。……神龙之始,逃归于蜀……"也就是说,李白本来是陇西人,曾经是罪犯之家,虽然是被冤枉的。后来呢,被贬到条支。条支在现在的伊拉克一带。"非罪"一语出自《管子·明法》:"是以忠臣死于非罪,而邪臣起于非功。"

还有李白的出生呢,有的说是大食,即现在的伊朗。郭沫若说是吉尔吉斯斯坦,总之是不大清楚。那么,他自己说呢,他是唐室九世孙,唐玄宗是十一世孙。那么这样说来,李白是唐玄宗的叔叔,或者说不是叔伯这一辈,是爷爷这一辈的。唐玄宗在天宝年间下过诏书,凡是李暠的子孙可以来入籍,李白那个时候就在京城,他不敢去入籍。这说明李白在外边说的话是假的。

那么李白这一辈子想做件什么事情呢?他自己说:"申管、晏之谈,谋帝王之术。奋其智能,愿为辅弼,使寰区大定,海县清一。"他有一个大志,为自己立下一个大志,要为天下太平,平天下,使得人们生活都很幸福。他一辈子都在追求,那么,实现了没有呢?我们来看他的一首非常有名的诗,大家来读一下。

【PPT】

(生齐读)

长相思,在长安。
络纬秋啼金井阑,微霜凄凄簟色寒。
孤灯不灭思欲绝,卷帷望月空长叹。
美人如花隔云端!
上有青冥之长天,下有渌水之波澜。
天长路远魂飞苦,梦魂不到关山难。
长相思,摧心肝!

他发出了很多很多这样的一种哀叹——"长相思，摧心肝"。他长相思长安，想着在长安做官，所以呢，他到处托人谋官。

李白没有去参加"高考"，科举考试没参加。为什么没有参加呢？李白没有资格考试，考试有几条禁令：一是罪臣之家，李白是罪臣之家；二是商人之家，他是商人；第三，户口不在当地不能考，他的户口在哪不知道，所以也不能考。他也无法考，他也不敢考，李白是考不上的。李白的才华在于发牢骚，在于山水之间。要他写政论文章，不见得能通过考试。

杜甫的诗写得多好，但是杜甫考了三次，一次都没考取。有一次在"国务院办公室"是他一个人考试，这么多人盯着他，他也没考取。所以，这个考科举和平时的才华不是一回事情。李白是考不上的，李白也不敢考，所以他一辈子也没有考。那么，他不参加科举考试，他准备怎么样呢？他准备"一鸣惊人，一飞冲天，仗剑去国，辞亲远游"。当时做官还有一种途径，就是推荐，推荐也有道理，也是讲信誉的，不是随便说的，李白也是通过各种方法来推荐。那么推荐李白的有几个人？一个是贺知章，一个是玉真公主，还有一个叫吴筠，他们三个人推荐他。唐玄宗知道了，接见了他。终于进京做官了。做了两年官，被赐金还乡。于是在朋友送别会上，写了这首诗。

我们来看看诗。

"海客谈瀛洲，烟涛微茫信难求"，确实难求，嗯，这个瀛洲是虚无缥缈的仙岛，烟涛浩茫，确实找不到。但是呢，"越人语天姥，云霞明灭或可睹"，绍兴人、浙江人谈起天姥山来，却是"云霞明灭或可睹"。一会儿出现了，一会儿又隐去了，可以看得见的。"天台四万八千丈，对此欲倒东南倾"，天姥是怎样高呢，连天高，"天姥连天向天横，势拔五岳掩赤城"，这个"拔"字用得特别好，拔地而起，而且呢，把赤城都给掩盖了，一万八千丈，有的版本叫四万八千丈，"对此欲倒东南倾"，他描写了天姥山之高，也就天姥山之雄伟，那就是我要去的地方。

好，我们把这一段读一下，背一下。"海客谈瀛洲，烟涛微茫信难求；越人语天姥，云霞明灭或可睹。天姥连天向天横，势拔五岳掩赤城。天台四万八千丈，对此欲倒东南倾。"这里"语天姥"中的"语"作动词用，读第四声。"我欲因之梦吴越，一夜飞度镜湖月"，他做梦了，啊，他说自己做梦了，因为他们所说的话，因为传说中这么高的山，这么美的地方。我刚才讲到绍兴这个地方，有 320 个唐朝诗人去过。当然，最早去的是谢灵运将军，对不对？到浙江这个地方去了，那么，为什么到这个地方去呢？最近，我在绍兴做了一个讲座，我说，为什么唐朝有这么多诗人到那个地方去，原因有多种多样。第一个原因，那个地方美，风景美；第二个原因，那个地方人美，姑娘美；第三个是什么？就是那个地方酒美，酒好，诗人都喜欢喝酒。还有另外一个原因，我们读完这首诗就知道另外一个原因是什么了。

要到浙江去，要梦吴越，不是梦四川。我们看"我欲因之梦吴越，一夜飞度镜湖月"，写得有一种梦幻的感觉，"湖月照我影，送我之剡溪"，大家有机会到剡溪去，蒋介石家门前的那条河就叫剡溪。

"谢公宿处今尚在，渌水荡漾清猿啼。"这里想到了谁呢？谢灵运，对不对？大家知道，谢灵运是什么时代的人啊？东晋人。谢灵运有什么故事，大家知道吧，你们背得出谢灵运的诗吧，有人背得出吧，背一两句也行啊。回去找找，回去看看，好不好？因为看到这首诗的时候，要拓展出去，看到这句话，他为什么提到谢灵运，而不是其他人呢？因为谢灵运是写山水诗的鼻祖。在东晋的时候，浙江的山水他都跑遍了，谢灵运有个特点，他经常一个人在山林里裸奔。《世说新语》就提到他裸奔，有人说，你怎么可以这样呢？他说，为什么不可以这样？你管我干吗！思想非常开放，我想李白也知道他裸奔的故事，李白有没有裸奔，我不知道，没有记载。

"谢公宿处今尚在"，还可以看到谢灵运住什么地方。古人喜欢一个人就想到他住的地方拜访。有一次我带学生到浙江去，到陆游的沈园去，我们知道陆游，他就到处拜访古代名人住的地方。他到苏东坡的黄州去看雪堂，雪堂里还可以看到苏东坡画的画。当年，82 年之后他才去，证明了确实有雪堂在，雪堂里有苏东坡画的画，因为他有诗记载。

"谢公宿处今尚在，渌水荡漾清猿啼"，有声有色，他"脚著谢公屐，身登青云梯。半壁见海日，空中闻天鸡"。你们在读这首诗的时候，感觉到什么了？高，是吧？他的攀登，"千岩万转路不定，迷花倚石忽已暝。熊咆龙吟殷岩泉，栗深林兮惊层巅"。我们把这段话读一下，体会他在说什么？

【PPT】

（师生共读）

我欲因之梦吴越，一夜飞度镜湖月。

湖月照我影，送我至剡溪。

谢公宿处今尚在，渌水荡漾清猿啼。

脚著谢公屐，身登青云梯。

半壁见海日，空中闻天鸡。

千岩万转路不定，迷花倚石忽已暝。

熊咆龙吟殷岩泉，栗深林兮惊层巅。

他在攀登，向高处攀登，是不？"熊咆龙吟殷岩泉，栗深林兮惊层巅"，这个发出的声音是什么样的？惊动了大地，惊动了山峦，而且"千岩万转路不定，迷花倚石忽已暝"，自己也是在这个山里面几乎都要迷路了，然后呢，一会儿呢，他看到什么了？"云青青兮欲雨，水澹澹兮生烟。列缺霹雳，丘峦崩摧。洞天石扉，訇然中开。"这个情景变了，看到了一个东西，看到了一个什么东西呢？洞天石扉，一个奇异的景象在他面前呈现了出来，好，我们把这段读一下。

【PPT】

（生齐读）

云青青兮欲雨，水澹澹兮生烟。

列缺霹雳，丘峦崩摧。

洞天石扉，訇然中开。

青冥浩荡不见底，日月照耀金银台。

霓为衣兮风为马，云之君兮纷纷而来下。

虎鼓瑟兮鸾回车，仙之人兮列如麻。

师：好，到此，我们来联系李白的生平。李白在追求功名的时候，他到处写信让别人推荐他，不考科举。他不考科举，是吧。所以，他只能是推荐，他写信给别人，告诉别人自己的诗写得多么好，文章写得多么好。他不太有政治头脑，帮不上什么忙的人他也求。他说"近者逸人李白自峨眉而来，而其天为容，道为貌"。这个"天为容，道为貌"什么意思，我也翻译不出，我是想长得非常好看,玉树临风,然后呢,"不屈己,不干人,巢、由以来,一人而已",巢、由都是什么?隐居的隐士,也是名士,他是第一人,他特别地吹大牛,像这种文章写过去,很可能起反作用。而且,李白是矛盾的,"不屈己,不干人",你现在在写这封信,就是在屈己,就是在求人嘛,对不对?他又说:"十五好剑术,遍干诸侯。""干"什么意思啊?冲云霄,是吧,登,登上去,就是在求。"三十成文章,历抵卿相。虽长不满七尺,而心雄万丈。"李白如果长得很高,他肯定要说七尺以上,是吧,虽不满七尺,当时的七尺,也就一米七左右。"心雄万丈",把自己吹得这个样子。他又说:"伏维君侯贵而且贤,摩扬虎视,齿若偏贝,肤如凝脂,昭昭乎若玉山上行,朗然映人也。"说对方是这样的美,牙齿是这样的整齐,皮肤非常的白,走路的时候呢,像虎视一样,雄赳赳,玉树临风,朗然照人。而对方根本就不是这个样子的。他又说"生不用封万户侯,但愿一识韩荆州",对韩荆州进行了这样一种赞美,我不需要做官,我只要认识你就可以了。其实呢,认识你,就是为了做官。"白孤剑谁托,悲歌自怜,迫于恓惶,席不暇暖。寄绝国而何仰,若浮云而无依,南徙莫从,北游失路。""白,坎坷历落可笑人也。"他在求官的道路上真的是很可怜的,用各种手段在求官。一会儿呢,别人不帮他了,他又发火了,他怎么说呢,"赫然作威,加以大怒,不许门下,逐之长途,白即膝行于前,再拜而去,西入秦海,一观国风,永辞君侯,黄鹄举矣。何王公大人之门,不可以弹长剑乎?"他要学冯谖,是吧,弹长剑,就是说,当别人不答应他的时候,我就走了。"此地不留爷,自有留爷处。"为了求这个官,他有两次婚姻,而两次婚姻都是什么呢?都是上门女婿。上门女婿总是被人家说的,当时唐朝怎么样不清楚,但中国民间对招女婿总是有点看法的。他两次当上门女婿,"白始娶于许……终娶于宗",许也好,宗也好,都是前朝的宰相。都罢官了,他找不到其他人,想办法也要找一条门路,因为他们毕竟是有门路的人。所以呢,李白就这样的在仕途上跑,他为的是什么呢?为的是实现自己的理想,所以在求不到时候,他非常可怜,我们再来读刚才的那首诗。

【PPT】

(师生共读)

长相思,在长安。

　　　　　……
　　　　　孤灯不灭思欲绝，……
　　　　　美人如花隔云端！
　　　　　……
　　　　　天长路远魂飞苦，梦魂不到关山难。
　　　　　长相思，摧心肝！

　　你看，李白是多么的痛苦，请大家把这一段再读一下，读出李白在仕途上的那种困惑，痛苦。

　　【PPT】

　　（生齐读）

　　　　　我欲因之梦吴越，一夜飞度镜湖月。
　　　　　湖月照我影，送我至剡溪。
　　　　　谢公宿处今尚在，渌水荡漾清猿啼。
　　　　　脚著谢公屐，身登青云梯。
　　　　　半壁见海日，空中闻天鸡。
　　　　　千岩万转路不定，迷花倚石忽已暝。
　　　　　熊咆龙吟殷岩泉，栗深林兮惊层巅。
　　　　　云青青兮欲雨，水澹澹兮生烟。

　　这是李白在追求的路上，但是他的苦行终于得到了报答，他的消息传到了唐玄宗的耳朵里，我们大唐有这样的怪人，诗写得这样的好，科举考试怎么没考取呢？当然，唐玄宗是很聪明很聪明的，绝对聪明。他当然知道，考官和诗人不是一回事。唐玄宗是梨园鼻祖，他经常在自己的宫殿里，自己写剧本，自己演戏，招了很多宫女来演戏。当然呢，他要找会写文章的人，一看这个人是会写文章的，文章写得漂亮，就写诏书。诏书下来的时候李白在什么地方？李白恰恰就在天姥山，就在越中，有一个道士叫吴筠送来了信，说皇帝请李白进京。李白高兴得不得了，他马上回到南陵，和家人告别。他有一个女儿和一个儿子，那个女儿叫明月，儿子叫伯禽，其中一个小的叫玻璃，玻璃，名字也是很奇怪，在我们汉族不大有这种名字。好，我们来看他留的这首非常有名的诗叫《南陵别儿童入京》，写出他当时的心情。

【PPT】

> 白酒新熟山中归，黄鸡啄黍秋正肥。
> 呼童烹鸡酌白酒，儿女嬉笑牵人衣。
> ……

孩子看来还不大，六七岁，牵着爸爸的衣角，"好久好久没见你了，爸爸你怎么一天到晚在外边，不带我们玩呢？""高歌取醉欲自慰，起舞落日争光辉"，李白呢，他是一边喝酒，一边跳舞，一边唱歌，李白是少数民族，他当然会跳。"游说万乘苦不早"，早就应该让我去啦，"著鞭跨马涉远道，会稽愚妇轻买臣，余亦辞家西入秦"，这里他用了典故，朱买臣的故事，对不对？"余亦辞家西入秦"，最后两句记住啊，"仰天大笑出门去，我辈岂是蓬蒿人"，什么意思啊，仰天大笑出门去，说了这样一句话：你们都说我这个人没出息，说我是乡下人，你们看，我是不是个乡下人啊？干什么？我要做官去了！"蓬蒿人"就是野草里面的人啊，是吧，就是一般的人啊，平民百姓。"我不是一般人啊，我是个大官。我要做官去了。"写出了什么啊，写出了他得志后的洋洋得意吧。

【PPT】

（师生共读）

> 白酒新熟山中归，黄鸡啄黍秋正肥。
> 呼童烹鸡酌白酒，儿女嬉笑牵人衣。
> 高歌取醉欲自慰，起舞落日争光辉。
> 游说万乘苦不早，著鞭跨马涉远道。
> 会稽愚妇轻买臣，余亦辞家西入秦。
> 仰天大笑出门去，我辈岂是蓬蒿人。

这就是李白的风格，一点也不拘束，想说什么就说什么，没有考虑别人说你太骄傲了，别人说你太猖狂。他不管，他就说出来，这就是李白。我们继续来看，"天宝中，皇祖下诏"，《新唐书》中记载这段话，下诏：拯就金马，降撵步迎，如见绮皓，以七宝床赐食于前，御手调羹以饭之。谓曰："卿是布衣，名为朕知，非素蓄道义，何以及此。"

唐玄宗亲自走下来，走下金撵，来迎接他。"御手调羹以饭之"，给他饭吃，对不对？而且亲自对他说"卿是布衣"，你是一个平民百姓，你的名字怎么让我知道的呢？你这么有本事，怎么会到这一步呢？唐玄宗说得很直白，是吧，这段话李白是永远记住了，刻骨铭心。我们把下边这一段读一下。

【PPT】

云青青兮欲雨，水澹澹兮生烟。
列缺霹雳，丘峦崩摧。
洞天石扉，訇然中开。
青冥浩荡不见底，日月照耀金银台。
霓为衣兮风为马，云之君兮纷纷而来下。
虎鼓瑟兮鸾回车，仙之人兮列如麻。

我们看这一段，你们再仔细看一下，好好看看，这一段他把进京城的回忆，通过浪漫的、神话的色彩写出来。你们仔细读读，轻轻地读。

你想，唐玄宗出来时那不是"霓为衣兮风为马"？他对这个印象太深刻了。好，大家自己把这段话背背，记记。这篇课文讲完，哪些地方要背下来？好，我们一起来读？

（师生共读）

这个场景，永远刻在李白心中，他时常想到，今天他又想到这个情景。现在他被赶出了京城，他为什么被赶出了京城呢？他曾经在那里写过几首非常有名的诗，大家都知道。我们来看，写杨贵妃的《清平调》我们来一起读。

【PPT】

其一
云想衣裳花想容，春风拂槛露华浓。
若非群玉山头见，会向瑶台月下逢。

其二
一枝红艳露凝香，云雨巫山枉断肠。
借问汉宫谁得似，可怜飞燕倚新妆。

其三
名花倾国两相欢，长得君王带笑看。

　　　　　　解释春风无限恨，沉香亭北倚阑干。

　　"云想衣裳花想容"描写杨贵妃美到什么程度呢？"想"字是什么意思呢？云都羡慕她的衣服啊，花都羡慕杨贵妃的漂亮。"春风拂槛露华浓。若非群玉山头见，会向瑶台月下逢。"完全就是仙女嘛。"一枝红艳露凝香，云雨巫山枉断肠。"把她比作谁呢？"借问汉宫谁得似，可怜飞燕倚红妆。"把她比作赵飞燕。接下来"名花倾国两相欢，长得君王带笑看。解释春风无限恨"，每当皇帝有点不高兴时，她能消解皇帝那种不开心，是吧，"沉香亭北倚阑干"。三首《清平乐》把杨贵妃的美貌，她在皇帝面前的得宠，她的闺姿都写出来了。可见，李白他是很想事权贵啊，事权贵很好啊，哪里有"安能摧眉折腰事权贵"啊？哪有安能啊，他不是在事吗？当然，像李白这样的性格是很难在宫廷中长呆的。没有多长时间，一年不到的时间，他就得罪了很多人，得罪的原因是什么呢？我们来看课本上的注释："唐玄宗 744 年，天宝 3 年间，李白在长安受权贵排挤，被放逐出京。第二年，他将由东鲁至越中。"有人排挤他，谁要排挤他？有人说是高力士、李林甫要排挤他。为什么要排挤他，他值得排挤吗？李白和杨国忠他们相差太远太远了，李白是什么？李白是一个供奉翰林，什么是供奉翰林？就是请你进来陪皇帝玩玩的，没有具体官职的，不过是个玩伴，是个奴才。说权贵要妒忌他，都是习惯的说法，没有道理的，包括我们对屈原，说屈原是别人妒忌他，屈原自己陈述政见，他有一种水仙花情节，就是有自恋症，太自恋了，政见不合，"嘭"就投河了，何必要投河呢？当然这是一种高洁的表现，高洁是高洁，但你不能说是别人排挤。比如他的对手提出要"联秦抗齐"，他呢，是"联齐抗秦"，其实呢，齐和秦都是虎狼之国，联谁都一样。所以我们不能随随便便就这样说。

　　李白为什么被排挤呢？或者说，他为什么觉着别人在排挤他呢？你看啊，他当时在宫廷里写"当时笑我微贱者，却来请谒为交欢"，当时看不起我的人，现在来求我了，"一朝君王重拂拭，刻心输丹雪胸臆"，他本来就是要为皇帝做事情的，等到我报答了皇恩以后我再去卧白云。你看，他对宫廷的生活、宫廷的礼仪是非常厌烦的，好像别人在污蔑他，"青蝇易相点"，而他自己很干净，"白雪难同调"。"本是疏散人，屡贻褊促诮"。他在宫廷里面想到的是什么？是出宫去。他在宫里又写诗"君王虽爱娥眉好，无奈宫中妒煞人"，其实，别人并没有妒忌他。他很自恋，而且骂别人，一个喜欢斗鸡的人，叫贾昌。唐朝的宫殿里有斗鸡的，我们知道，唐玄宗非常喜欢玩。贾昌也是供奉翰林，"路逢斗鸡者，冠盖何辉赫！鼻息干虹霓，行人皆怵惕"，你看看，他也妒忌别人，是吧。后来这个人爸爸死了，唐玄宗亲自派人送他回家乡，一路开绿灯，所以反过来李白就妒忌，你是斗鸡的，你算什么？我李白是写诗的。但是，在唐玄宗的眼睛里，斗鸡的和写诗的一样。你看，他写道："君不见狸膏金距学斗鸡，坐令鼻息吹虹霓；君不学歌舒横行青海夜带刀，两屠石堡取紫袍。"这个李白都要讽刺，养斗鸡的人其实很厉害的，他在鸡小的时候，在鸡爪子里种上刀片，非常厚的刀片，斗的时候涂上狐狸的油，然后呢，一上台对方就发抖了，养斗鸡的人很有一套办法的。李白看不惯他。李白还有什么，喝酒喝得太多，经常喝得醉醺醺的。上班的时候不好好上班，所以，杜甫写了一首诗《饮中八仙歌》，他对李白这样评价：

【PPT】

> 李白一斗诗百篇，
> 长安市上酒家眠。
> 天子呼来不上船，
> 自称臣是酒中仙。

上海有个作家叫陈村，他说这首诗写得不错，但是有个字要改一下，把"臣"改为"爷"，"自称爷是酒中仙"。李白的原话，应该是爷是酒中仙，不是臣是酒中仙。更重要、更可怕的是，李白做了一件非常不应该做的事情，他在诗里写了这样一句话："相思不相见，托梦辽城东。"辽城是谁啊，安禄山。杨贵妃和安禄山两个人要好，一个是干妈，一个是干儿子，但是这个关系不能够到外边讲的，讲的话要杀头，他居然写诗。王琦注释说"李白为人疏旷不慎，醉中失控"，这么大的事，他这样说出去怎么行呢？所以唐玄宗对他的评价为"此人固穷相"，这个人还是乡下人。他没有贵族气质，我把他提拔上来，他还是老样子，所以呢，请你回去吧。"赐金还山"，给你金子，你回去吧。

杜甫也劝过他好多次，他就是不听。当然杜甫自己也是这个样子，杜甫到了晚年气量还是小的。《新唐书》《旧唐书》对杜甫的评价为"心偏狭"，所以杜甫也很难和别人处得好，做官也做不大。他们的性格如果比较一下，和苏东坡相差太远，苏东坡一考试就成功，不管怎么考他，他都是第一名、第二名，不管什么困难的情况，他都坦坦荡荡，他都不埋怨，不像个怨妇一样。杜甫和李白经常埋怨，但李白生过气之后就没事了，杜甫则在生过气之后一天到晚放在心里，你可以看看他的诗歌。所以，这样的一种性格才能写出这么好的诗来，对吧，如果没有这样的性格，就写不出这样的诗来。所以他们的诗和苏东坡的完全不一样。我们看看，李白的诗豪放，发个牢骚，发掉就没有了。杜甫就不一样，他有一篇叫《茅屋为秋风所破歌》。茅屋被风吹掉了三层茅，他就把孩子骂为盗贼，那个小孩就是玩玩而已，你干吗骂为盗贼呢？稍微宽容一点，是吧。不大宽容，所以人际关系搞得很僵。

　　李白被贬了以后，他还是希望社会动荡。因为社会动荡了，他就可以有作用了。所以他写道："溟海不震荡，何由纵鹏鲲。"后来他到南方参加了李璘的队伍，也就是唐玄宗小儿子的部队，而且他还自觉写了十一首军歌。我们中国以前是没有军歌的，他写了军歌。你看他写道："但用东山谢安石，为君谈笑静胡沙。"其实李白没有这个本事，他怎么可能谈笑静胡沙呢？"诸侯不救河南地，更喜贤王远道来"，他根本不知道他们兄弟之间是你死我活的斗争，你怎么可以站在那边呢，没有站在肃宗这边？肃宗都已经称王了，是一国之君了，你怎么还可以反对他呢？结果李白就被抓了，抓起来以后被流放到遵义。遵义会议的遵义，叫夜郎。后来又被释放出来，释放出来之后写了一首很有名的诗叫什么？"朝辞白帝彩云间，千里江陵一日还。两岸猿声啼不住，轻舟已过万重山。"他高兴得不得了啊，这个船开得真快啊，就像滑翔机一样"轻舟已过万重山"。他出来以后呢，又想做什么呢？别人让他做官，他就去了。所以李白，没有官做的时候，想着做官，做官的时候呢，又不好好做。所以李白内心是矛盾的，他是一个道士，是一个非常喜欢山水的诗人，同时又想要去做官，所以他自己在这个矛盾的处境当中。

　　当他被抓的时候，所有人都觉着他该杀，连杜甫也觉着他该杀。所以杜甫说，"不见李生久，佯狂真可哀"，说李白这时候已经装疯卖傻了，"佯狂真可哀。世人皆欲杀，我意独怜才"，别人都认为该杀，"我"也觉着他该杀，但是"我"觉着有些可惜，他的才华太了不起了，杀掉可惜，但是杀还是要杀。"敏捷诗千首,飘零酒一杯。匡山读书处,头白好归来",你还是回到大四川去吧,在匡山,到那边去,你不要再做官了。但是,李白不听。我们看,李白写了很多很多可怜的诗,一会是"悲矣乎,悲矣乎",一会是"笑矣乎,笑矣乎",晚年写了这首非常有名的《笑矣乎》,一会儿哭,一会儿笑,李白确实进入了这样一个情境当中。

为了进一步了解李白,我们还要再回顾一下他的喜好,他喜欢什么?他到底做了些什么事情?我们先来把这段读一下。

【PPT】

(师生共读)

我欲因之梦吴越,一夜飞度镜湖月。

湖月照我影,送我至剡溪。

谢公宿处今尚在,渌水荡漾清猿啼。

脚著谢公屐,身登青云梯。

半壁见海日,空中闻天鸡。

千岩万转路不定,迷花倚石忽已暝。

熊咆龙吟殷岩泉,栗深林兮惊层巅。

云青青兮欲雨,水澹澹兮生烟。

列缺霹雳,丘峦崩摧。

洞天石扉,訇然中开。

青冥浩荡不见底,日月照耀金银台。

霓为衣兮风为马,云之君兮纷纷而来下。

虎鼓瑟兮鸾回车,仙之人兮列如麻。

忽魂悸以魄动,恍惊起而长嗟。

惟觉时之枕席,失向来之烟霞。

这个时候我们才可以读出"忽魂悸以魄动,恍惊起而长嗟。惟觉时之枕席,失向来之烟霞"。在宫廷里面就是一场梦,一场美好的梦,梦醒了。"魂悸",意思是什么?心有余悸。很怕很怕,忽然醒了,我被贬到了山东,到了东鲁。"忽魂悸以魄动""失向来之烟霞",当前的美好都成为了烟霞。烟消云散,"失向来之烟霞",这时候他才喊出了一个惊天动地的声音,"世间行乐亦如此"，人生就是如此。快乐是暂时的，也是缥缈的，就像梦一样。"古来万事东流水"，他忽然感悟到人生是虚无缥缈的，是空幻的。他又说"别君去兮何时还"，把自己的感悟告诉大家："别君去兮何时还，且放白鹿青崖间。"我还是回到山上去吧，我还是回到我所爱的那个地方去吧。"须行即骑访名山"，我什么时候要走就走，骑上马，骑上这个白鹿，说走就走，最后，"安能摧眉折腰事权贵，使我不得开心颜"，把他的牢骚发出来。好，我们把最后一段读一下。

【PPT】

（师生共读）

世间行乐亦如此，古来万事东流水。

别君去兮何时还？且放白鹿青崖间。须行即骑访名山。

安能摧眉折腰事权贵，使我不得开心颜！

我们回过头来再看看李白的特点，他第一个特点是酗酒，大家看看他的《酗酒》：

【PPT】

天若不爱酒，酒星不在天。

地若不爱酒，地应无酒泉。

天地即爱酒，爱酒不亏天。

已闻清比圣，爱道浊如贤。

贤圣即已饮，何必求神仙？

三杯通大道，一斗合自然。

但得酒中趣，勿为醒者传。

他爱酒，为酒写了一首诗，"今夕不尽杯，留欢更邀谁""出舞两美人，飘飘若云仙，留欢不知夜，清晓方来旋"。

第二个特点：他喜欢斗殴，打架。

【PPT】

酒后竞风采，三杯弄宝刀。

杀人如剪草，剧孟同遨游。

笑尽一杯酒，杀人都市中。

感君恩重许君命，
太山一掷轻鸿毛。

手挥白刃刀，清昼杀仇家。

杀人如剪草，剧孟是一个黑社会的头子，历史上非常有名，"感君恩重许君命，太山一掷轻鸿毛"。我跟着你了，就会为你拼命，我会"手挥白刃刀，清昼杀仇家"，我会白天手刃仇家，他的学生说他"少任侠，手刃数人"。"托身白刃里，杀人红尘中。三杯吐然诺，五岳倒为轻。"一诺千金，只要你给我喝酒，怎么都行。另外李白喜欢狎妓，王安石批评他最厉害。王安石说李白诗里面十之八九都是女人和酒。我系统查了李白的诗，当然王安石说得有些过分了，但是十之三四是有的。我们今天读李白的这些诗，基本少儿不宜。有些诗大家不去读，或者读不懂，是因为他有暗语在里面的。今天就不一一引用了。"美酒樽中置千斛，载妓随波任去留。人生达命岂暇愁，且饮美酒登青楼。""携妓东土山，怅然悲谢安，我妓今朝如花月，他妓古坟荒草寒。"《少年行》中写道："君不见淮南少年游侠客，白日裘猎夜拥掷"，白天打猎踢球，晚上赌博。"呼卢百万终不惜"，赌输了也不可惜。"报仇千里如咫尺"，有时还要闹事。"少年游侠好经过，浑身装束皆依罗"，穿着时髦华丽。"兰蕙相随喧妓女，风光去处满笙歌"，后面跟着一群女人。李白白天打猎、打球，晚上要么赌博，一掷千金，要么与女人厮混，要么去闹事、去报仇，他身上穿着绫罗绸缎，跟着一帮女人，吹吹打打。这就是真实的李白，这就是你们看不到的另一个李白。

他还喜欢修道炼丹。"卿家事金鼎，年貌可长新"，他认为修道的话，脸会一直很年轻，有没有道理呢？有点道理。

道家有些东西是有道理的："问余何意栖碧山，笑而不答心自闲，桃花流水杳然去，别有天地非人间。""清斋三千日，裂素写道经，吟诵有所得，众神卫我形。"这些都是他写的关于修道的诗句。李白是个道士，而且他是有道士文凭的。一般的道士是没有文凭的，他是有文凭的。这个文凭得来不容易，考察是很严格的。而且他花钱很厉害，一年当中花掉三十万，散金三十万。他的钱从哪来的呢？他的爸爸是个商人，给他留下很多钱。他自己呢，搞过庄园，开过酒店，做过武术教练。所以李白是个矛盾的存在。一面是爱山水。"五岳归来不辞远，一生好入名山游""相看两不厌，只有敬亭山"，一方面是恨山水，"头陀云月多僧气，山水何曾称人意"，要把黄鹤楼推倒，把鹦鹉洲也要推倒。他高兴的时候，山水是多么美，不高兴的时候要把它推倒；一方面要"济苍生，安社稷"，一方面"三百六十日，日日醉如泥"；一方面"有四方志"，一方面又是"古来圣贤皆寂寞，惟有饮者留其名"；一方面"安能摧眉折腰事权贵，使我不得开心颜"，另一方面是"历砥卿相，边干诸侯"；一方面骂孔丘"我本楚狂人，凤歌笑孔丘"，而另一方面他死之前最后一首诗写道，"仲尼亡兮谁为出涕！"我就是孔丘，我死了之后，谁为我哭泣？

李白死在什么地方？安徽的马鞍山，对不对？采石矶，李白怎么死的？有人说他是自杀的，有人说他是喝点酒掉下去的，有人说他是捞月亮时掉入水中，反正他死的时候，身边没有一个亲人。杜甫死的时候，他的妻子、儿子在身边，他的小儿子在身边，给他记下来是怎么死的。苏东坡死的时候，有十二个孙子孙女在身边，还有道士，他的大儿子拿着一根丝线在鼻子旁边，一点一点没有气了，就去世了。人总是要死的，但是苏东坡在身边所有人对他的崇敬中死去。那李白呢，都不知怎么死的。所以有各种传说。

他常提出自己的观点，为什么呢？因为他是"与时俱进"，今天这样说，明天那样说，今天这个环境是这样说，明天那个环境那样说。生气的时候那样说，不生气的时候又这样说。他思想很开放，一方面他老婆要和他离婚，心里想着夫人应该和我离婚，我这样的人，一天到晚在外边，不管谁和我在一起，都不幸福；另一方面他又骂他老婆，骂这个女人。所以，他很矛盾，是矛盾的统一体。

接下来我们稍微了解李白的年谱，了解他的整个人。

701年，李白在西域（条支、碎叶）出生。

705年，在五岁时到四川。有一次我去旅游，他们说"床前明月光"这首诗是写在新疆这个地方，大家一想也不可能的，李白五岁时就已经到四川了。

公元727年，李白27岁时入赘宗家，后又招入赘许国师家。

公元741年，也就是他41岁时，奉诏入京。

公元743年，43岁，入京一年多的时间就被赶出了京师。61岁去世。

我们来总结一下李白的一生：这是一位登山者，但是他是痛苦的，绝望的。他的两首最有名的诗歌：一是《蜀道难》，另一首是《梦游天姥吟留别》。登山者的悲剧和歌，我们所敬仰的大诗人就是这样生活在这个世界上，生活了61年。

关于李白当然有很多很多问题，我们回到刚才那四个问题上来，哪四个问题呢？大家来回答这四个问题，好不好？先来背诵一下这首诗，然后再回答问题。

（师生齐诵全文）

那接下来我们回答四个问题：

【PPT】

一、告别朋友为什么写梦游诗？

二、他要向朋友们传达什么信息？

三、从中可以看出李白是怎样的人？

四、学了这首诗你有何发现和收获？

我现在先请你们问我问题，你们学了这首诗之后，有没有什么问题要问我？上课之前让你们预习课文，就是让你们问我问题的。哪个同学来问？因为我今天讲的李白和你们平时了解的李白不一样，有点颠覆，是吧上海有一家电台让我讲李白，我讲了好多集，他们就说我颠覆了李白一直以来在大家心中的形象。有人说让我反驳他们，我说不反驳，各人有各人的观点，各人有各人的看法，没有必要去反驳。你们怎么想的，李白的价值体现在哪里呢？

生：李白的诗歌传世丰富和繁荣了中华文明。

师：讲得很好。他的诗歌留给我们了，他诗歌有很多的风景诗，有很多的朋友交往诗，都写得非常的真诚。李白的特点是很真，但真的东西不一定是善的。同学们，注意啊，真的东西不一定善。但是善的东西首先要真，假的东西往往不会是善，这是第一点。第二点，他留给我们民族文化宝库一个珍宝。当我们不高兴时，读一读李白的诗，我们可以发泄内心的那些痛苦，可以帮助发泄。还有什么？哪个同学能问出让我满意的问题，我肯定把最珍贵的礼物送给他（拿礼物给刚才回答的同学）。这幅字已经送给这位同学。这个更珍贵，哪个同学能得到？还有哪些？那我来说说我对这个问题的看法。

李白的意义：

1. 追求自由。从古至今，人们最容易以自己束缚自己，李白的出现，有助于民族精神的解放，只有精神解放的民族，才是有希望的民族。

他有个人的追求，他要做官，他认为自己可以为百姓做点事情，可以把自己的本事发挥出来，他一点都不掩盖自己，不躲躲闪闪，这是我们民族当中所缺乏的。

2. 我们的民族缺少想象力，李白诗歌中的丰富想象，对我们民族尤其可贵。像"白发三千丈""疑是银河落九天"这样的诗句，只在李白的诗歌中出现过，再没有别人，李白只有一个。我们应该看到这一点。

3. 冲破传统的长幼尊卑观念，提出了平等的观念，他甚至要和唐玄宗勾勾搭搭，他要和高力士、李林甫平等对话，虽然故事有点传说，但还是有道理的。说他脱了靴子让人家来帮着穿，他有时候喝了酒，喝多了把酒呕吐到龙床上面，等等，都非常放肆。但这是一种平等的观念，不顾一切，打破了这样一种长幼尊卑的理念，和达官贵人平等对话。不但在中国，而且在世界提出了这样一个问题，提供了这样一个样板，人可以这样活着，人有各种各样的活法，李白是一种活法。只要你不损坏别人，你怎么活着都可以。像《世说新语》里面的许多故事，都是比较开放的，李白肯定受影响很大，虽然只提到了谢灵运一个人，但实际上是这一个时代的人，包括刘伶、阮籍这些人。他对后代的启发是无限的，他的永不满足的追求精神，到死还是在追求。我用几句话把李白的性格简单概括：任性逍遥、独立不依、狂放不羁、追求自由、呼唤平等、浪漫情怀，不可无一。我们中国如果没有李白，可以想象我们的诗坛是那样的寂寞。中国的诗坛如果没有李白、没有杜甫这两个高峰，该是多么的寂寞。如果只有苏东坡这样的大气，这样的宽容，这样的旷达，而没有发怨气的人，诗坛，中国的诗坛该是多么寂寞，是不是这样？同学们，再想一想，还有问题吗？对话只有在平等的条件下才能进行。

大家默默地背一遍，看哪个同学能背出来，我的这幅手卷等着他。还有什么问题，你提出一个有质量的问题也是好，能够难倒我。因为时间关系，

只要背出最后一段也可以，大家一起来吧。（师生齐诵）

"世间行乐亦如此，古来万事东流水。别君去兮何时还？且放白鹿青崖间。须行即骑访名山。安能摧眉折腰事权贵，使我不得开心颜！"你们看看李白，回到第四页，第四页上面那篇文章就是李白的《将进酒》是吧，《将进酒》这里能看出李白是真正的李白啊，"主人何为言少钱，径须沽取对君酌。五花马，千金裘，呼儿将出换美酒，与尔同销万古愁！"你看这天，李白在谁家喝酒？"岑夫子，丹丘生"，他在别人家喝酒，喝完酒对主人说你们家不是有"五花马，千金裘"吗？你们家不是有电冰箱、电视机吗？把它卖掉卖掉，我们一起来喝酒，"与尔同销万古愁"！花别人的钱不心疼，这就是李白。李白之所以被我们所喜欢，就是因为他身上体现了一种我们民族所稀缺的资源：精神解脱，任性放荡，个人追求，个人价值，富于想象，坦诚直白。他告诉我们：有一种人，他可以这样活着，哪怕这种活法并不为传统所接纳。

最后我们来看看他临死前的几首诗：

【PPT】

笑矣乎，笑矣乎。君不见曲如钩，古人知尔封公侯。君不见直如弦，古人知尔死道边。张仪所以只掉三寸舌，苏秦所以不垦二顷田。

笑矣乎，笑矣乎。君不见沧浪老人歌一曲，还道沧浪濯吾足。平生不解谋此身，虚作离骚遣人读。

笑矣乎，笑矣乎。赵有豫让楚屈平，卖身买得千年名。巢由洗耳有何益，夷齐饿死终无成。

君爱身后名，我爱眼前酒。饮酒眼前乐，虚名何处有。

……

——《笑歌行》

悲来乎，悲来乎。主人有酒且莫斟，听我一曲悲来吟。悲来不吟还不笑，天下无人知我心。君有数斗酒，我有三尺琴。琴鸣酒乐两相得，一杯不啻千钧金。

悲来乎，悲来乎。天虽长，地虽久，金玉满堂应不守。富贵百年能几何，死生一度人皆有。孤猿坐啼坟上月，且须一尽杯中酒。

悲来乎，悲来乎。凤凰不至河无图，微子去之箕子奴。汉帝不忆李将军，楚王放却屈大夫。

……

——《悲歌行》

　　他写了很多很多这方面的感悟,"男儿百年且乐命,何须读书受贫病",男儿应该去当兵,男儿应该出身好,朋友好,亲戚好,不如自己好,"看取眼前富贵者,何用悠悠身后名",这都是他留给我们的名言,我们要真正地认识一个人,要知人论世,有比较才有鉴别,通过比较来认识他。再来看看李白最后留给我们的《临终歌》,李白也许是知道自己快要死了。从这首诗来看,李白很可能是自杀,像这样的人,死也死得很灿烂。"大鹏飞兮振八裔",他把自己比作大鹏,李白的图腾就是大鹏,"中天摧兮力不济",我不行了,"余风激兮万世,游扶桑兮挂左袂,后人得之传此,仲尼亡兮谁为出涕",谁会为我而哭?我们今天读了李白,会不会为李白而哭?最后我想引一段孔子所说的非常有名的话,如何来看待一个人,"视其所以,观其所由,察其所安,人焉廋哉?人焉廋哉?""视其所以"看看他做了什么,写了什么,怎么为人,拿什么东西给我们看。光这一点不够,还要进一步"观其所由",他为什么这样做,为什么拿这个东西给我们看。还不够,"察其所安",做了这个事情他是不是心安理得,有人做了坏事,就是个坏人,他就要这样做。有人做了好事,觉着自己了不起了,内心世界是不是安宁?"人焉廋哉?人焉廋哉?"这个人我们就看清楚了,今天我们全面地来看李白,看他做了什么,写了什么,进一步到他为什么这样写,然后呢,他的内心世界是怎样的。他是说不完也道不清的李白,这是给我们留下的珍贵的遗产。

·听课回响·

一堂课，一首诗，还原一个真实的李白

山东省东营市垦利实验中学　袁　丽

　　非常有幸能于11月19日在济南的铁道大酒店聆听黄玉峰老师的课《梦游天姥吟留别》。一堂课，一个半小时，我是在疑惑与惊讶的交替中度过的。

　　上课伊始，黄老师先介绍众所周知的后人对李白诗歌的高度评价——"绣口一吐就是半个盛唐"，李白诗歌有盛唐气象。接着要学生回忆《蜀道难》，然后出示唐诗鉴赏辞典和教参对此诗的解读，引导学生慷慨激昂地读出自己感受最深的句子——"安能摧眉折腰事权贵，使我不得开心颜！"

　　这时黄老师话锋一转抛出问题："你相信这句话吗？"大家在惊讶与疑惑中进入这堂课的重头戏。他带着学生用诗文来解读《梦游天姥吟留别》，要求解决四个问题：①告别朋友为什么写梦游诗？②他要向朋友们传达什么信息？③从中可以看出李白是怎样的人？④学了这首诗你有何发现和收获？这四个问题一出示，就是大手笔，大到听众不知从何下手，黄老师就用一首接一首、一波接一波的诗作铺天盖地倾倒下来，还原了一个完整的李白，一个矛盾的李白。我心中发出感叹：哦，是啊，李白追求"寰区大定，海县清一"，希望"济苍生，安社稷"，却酗酒、赌博、斗殴、携妓、修道炼丹，一掷千金，追求及时行乐，而且高声宣扬。李白说"少年当有四方志"，又高呼"古来圣贤皆寂寞，惟有饮者留其名"。他的"安能摧眉折腰事权贵，使我不得开心颜"和"历抵卿相，遍干诸侯"相隔才几年啊……原来这首诗真的不是记梦游，是李白在京一年半的供奉翰林生涯的折射。《梦游天姥吟留别》中行文的自由、跌宕起伏就是李白任性又跌宕起伏的人生写照啊。

　　就在李白形象在我心中坍塌甚至鄙视悄然露头时，黄老师又抛出一个问题"李白有没有价值"？是啊，李白到底有没有价值？这个问题该如何解答。黄老师的答案是：有。"李白之所以为我们所喜爱，是他身上体现了一种我们民族所稀缺的资源：精神解放，个人追求，个人价值，富于想象，坦诚真实。他以他的行动和诗告诉我们：人可以这样活着。"

黄老师的一堂课打开了学生和听课老师的思路，将李白的一首首零散的诗句串起来，串成一个有机的整体，统一到《梦游天姥吟留别》里，用诗佐证诗，用诗还原李白的人生轨迹。黄老师将我们对李白的零星认识统一到李白是一个普通的人身上，告诉我们李白他不是仙，他有许多杂念；李白是一个才子，也是一个浪子。

这时我一下子对"生不逢时""怀才不遇""不为世俗所容"这些词有了更深入的认识。同时并不因了解到李白如此多的负面信息而鄙视他。相反，黄老师通过解读出一个本色李白，让我们认识到人是多面的，是矛盾的；让我们有取舍地去崇拜一个作家、一个人，而不是盲目地、不加取舍地仰视或鄙视。我们还学会了怎样抛开一个作家的负面信息，去认识他作品的价值。

这才是教学。

我在自己的课堂上也尝试过用作品来解读作品、解读作者，可心里总忐忑：这样做合乎教参要求吗？这样会不会打破作家在学生心中的神圣感？即便联系也仅限于正面信息，不敢将负面信息传递给学生。这堂课之后我可以勇敢地告诉学生，一般作家是人，"仙""圣"也是人，每个人都是矛盾的统一体，教学生学会用发现的眼光看待作品、看待人物、看待生活，让学生学会甄别，学会什么该崇拜，什么该唾弃。

知人论世，这就是人文论坛的精神所在，也是教育的本质吧。

黄老师广博的学识也让我懂得，阅读是语文老师获取源头活水的最佳渠道。教学过程不仅是传授知识，更是激发学生心灵火花的过程，要让智慧的树苗在课堂上抽枝发芽。

在黄玉峰老师身上学到的不仅仅限于教学，还有修身。

黄老师在被别人叫离会场时，正值有老师作报告，他一直弯着九十度的腰曲着双腿穿过两排座椅，走到门边。原本秀颀挺拔的身躯换作弓起的背，显出骨子里对别人的尊重。这一刻，我潸然泪下。

感谢您，黄老师。从您身上学到的是我一生的财富。

名家课堂如沐春风　大师风范激情飞扬

山东省东营市河口区教研室　丁丙双

11月，我有幸参加了"第八届名家人文教育高端论坛暨名师课堂研讨会"，四天的时间，来自全国各地的老师齐聚泉城。冬天的济南雾气笼罩，阴郁寒冷，但是坐在铁道大酒店名家云集的课堂中却如沐春风，神清气爽。

上海复旦附中的黄玉峰老师眉目清秀，笑容可掬，一串长长的珠链挂在胸前，给人一种风流蕴藉、仙风道骨的感觉。黄老师如今虽然71岁了，依然站在他热爱的讲台上，活力四射，激情飞扬。他上的《梦游天姥吟留别》一课，如同一块磁石，深深吸引着每一个与会者，给我留下了极为深刻的印象。100分钟的时间，跌宕起伏，起承转合，那带有南方音调的声音抑扬顿挫，韵味十足。他带领着学生，徜徉在诗歌的海洋，穿梭在历史与现实之间。这节课彻底颠覆了我对于李白原有的认识，这位"绣口一吐半个盛唐"的诗仙，跨越千年，就这样在黄老师的课堂上穿越而来，那样真实地站在我们面前，有血有肉，立体丰满。黄老师深厚的文化底蕴、对教材独到的解读、潇洒漂亮的书法，处处透着学者风范，"浑身是戏"，令我辈仰望。

这节课犹如久旱甘霖，给人带来一种精神的享受。

一、一线贯穿，大开大合。

黄老师先从余光中对李白的高度评价入手，引起学生的兴趣，接着引导学生质疑唐诗鉴赏辞典及教参对于这首诗的解读，引起学生的探寻愿望，然后提出四个问题一线贯穿，一是告别朋友为什么写梦游诗，二是他要向朋友传达什么信息，三是李白是个什么样的人，四是学后有什么感受和收获。这四个问题将整堂课中如繁星一般的知识信息紧紧串在一起，每一个问题的突破又向诗中投石荡漾开去，随机实时补充了大量的诗歌、记载、传说、故事，看似水波不惊，娓娓道来，实则匠心独运，精心铺排，让学生如同听故事一般，饶有趣味，穿梭在诗的海洋，品味着诗的意味。黄老师引领学生全面深刻地去理解李白之所以能创作出这样一首气势磅礴的诗的原因所在，最后回扣到问题上，深刻理解李白勇攀高峰的气概，同时了解李白的精神痛苦与内心挣扎，全面理解李白在中国诗坛上的地位与价值，独树一帜，是唐朝诗人中的一朵奇葩。整堂课既大开大合，又一线贯穿，首尾呼应，浑然一体。

二、广泛补充材料，还原李白。

一般人解读这首诗时，都会突出表现李白鄙视权贵、憎恨黑暗势力、向往自由生活的思想感情。但是黄玉峰老师却另辟蹊径，通过补充大量的材料，这些材料既有李白自己的诗，也有其他人对于李白的评价，将解读一首诗放在作者所生活的年代和环境之中，让学生在全面了解李白的基础上读懂这首诗背后所隐含的思想情感。还原这首诗写作时的真实情境：因为在宫廷里常常喝酒喝得烂醉如泥，又口风不严常常把宫廷里的秘密传到外面，引起了唐玄宗的不满，被驱出宫廷。李白为此事心里很不痛快，在和山东的老乡告别的时候，写下了这首发牢骚的赠别诗。深刻理解了李白在求官路上的坎坷，在仕途上的困苦，被皇帝诏见进宫的欣喜若狂，被逐出京城时的失落痛苦。这些材料的补充，让学生真正理解李白梦醒之后的深刻感悟，理解何以最后在诗中发出"安能摧眉折腰事权贵，使我不得开心颜"这一响彻云霄的呐喊！这就是李白，一个追求自由、任性逍遥、想象奇伟的李白，"不可无一，不能有二"的李白。

三、以诗解诗，以读为线。

以诗解诗是黄老师这节课的又一大特点。黄老师研究了有关李白的大量的诗歌，通过李白创作的其他诗来理解李白的矛盾性格特点，如李白的《蜀道难》《长相思》《南陵别儿童入京》《清平调三首》《早发白帝城》《月下独酌·其二》《少年行》《东山吟》《庐山谣寄庐侍御虚舟》等等，从不同时期不同角度进行了补充品读，这样从李白的诗中了解他的性格特点及生活状态。黄老师始终坚持以读为线，在引导学生学习诗歌的过程中，反复引领学生诵读诗句，揣摩诗句的含义，设身处地体会李白当时写这首诗时的思想情感。在这样的研读中，一个想象奇伟、才华横溢的李白，一个嗜酒斗殴、放荡不羁的李白，一个追求自由又有功利心的李白，在朗读中就活灵活现地展现在学生的面前，让学生随着李白的情感波动而起伏，为他的孤独而死的命运而唏嘘。

四、厚积薄发，深度解读。

这堂课充分体现出黄老师平时的厚积薄发，如果不是大量阅读李白的诗，研讨李白成长的轨迹，并深入研究唐诗，就不会在课堂上对李白的诗句信手拈来，对有关李白的评价、故事旁征博引。这一切的从容挥洒都源于黄老师的日积月累。黄老师对李白的性格进行了深度的解读，把李白还原为"人"，理解李白，感知李白，身临其境体会，设身处地感悟这首"登山者之歌"，缩短了学生与李白之间几千年的距离。在课堂的最后，黄老师引领学生深入解读李白的价值，尽管李白有很多缺点，但他的诗歌、他的思想、他的才华在中国文学史上永远熠熠生辉。

黄老师曾谦虚地说：教法从根本上讲是学法，教是为了学。我的教法没任何新意，也没有什么理论，无非是"精读"和"博览"，如果要说什么流派，那就叫"归真返璞"派。

黄老师在课堂上的幽默风趣、博学多识、大家风范无法模仿，但是作为语文老师可以从这节课看到语文教学的根本所在。这节课是一节引人深思的课，精读需要博览，博览才能精读，这可能是我一辈子都要努力的方向。

·课堂实录·

《看云识天气》课堂教学实录

执教：王　君

【课前活动：认读、听写生字"缀"等，略】

一、宏观看全篇骨架

师：今天我们学习《看云识天气》，这篇文章有两大优点：一是说明语言特别形象生动，二是说明条理特别明白清晰。

【PPT】

《看云识天气》两大优点

- 说明语言特别形象生动
- 说明条理特别明白清晰

我们今天着重从第二个方面入手，把课文作为写作型文本来进行学习，学习《看云识天气》的"表达特别有条理"。老师先给出学习方法，这个方法以后对很多的文章都是适用的。来，一起读一下。

【PPT】

学习课文"表达特别有条理"的优点

1. 宏观看全篇骨架
2. 中观识段落铺展
3. 近观析层次构造
4. 微观鉴句内逻辑

（生齐读）

师：很好，我们做第一件事情，宏观看全篇骨架。方法是——提炼。我们来做提炼的练习。

【PPT】

如何才能做到有条理地表达

1. 宏观看全篇骨架

（方法：全篇提炼）

【投影】

课文提炼练习

- 提取全文关键词2个或者5个
- 用标题概括全文内容
- 用文中的一个关键句概括全文内容
- 用几个关键句概括全文内容
- 缩写课文，只保留最核心最关键的信息

师：比如说这篇文章只能用两个词语来概括，是哪两个词？

生：云和天气。

师：好。再来，我们可以用标题概括全文内容。标题，预备，齐——

生：看云识天气。

师：很好！我们再来用文中的一个关键句概括全文内容。一个关键句，一起读——

生：云就像是天气的"招牌"：天上挂什么云，就将出现什么样的天气。

师：加大难度，如果我们用文中的几个关键句概括全文内容，读一读。谁试试？你想说是吧，来吧。

生：我觉得是最后一段的一句话，"云，能够帮助我们识别阴晴风雨，预知天气变化"。它解释了第一段的"云就像是天气的'招牌'"。

师：我觉得你的思路不对，是用几个关键句。关键句在全文的特别重要的地方，比如段落开头、段落之前的开启句，这样的句子具有核心的作用。

生：天空的薄云，往往是天气晴朗的象征；那些低而厚密的云层，常常是阴雨风雪的预兆。

师：非常好，还有吗？

生：还有"我们还可以根据天上的光彩现象，推测天气的情况"。

师：真好。抓住了关键句。这样训练就是把核心句子提炼出来。这些句子组成一篇小文章，我们就称之为骨架。来，读这些句子。

【PPT】

云就像是天气的"招牌"：天上挂什么云，就将出现什么样的天气。

经验告诉我们：天空的薄云，往往是天气晴朗的象征；那些低而厚密的云层，常常是阴雨风雪的预兆。

我们还可以根据云上的光彩现象，推测天气的情况。

看云识天气毕竟有一定的限度。要准确掌握天气变化的情况，还得依靠天气预报。

（生齐读）

师：你觉得最后一句重要不重要？挺重要的！待会儿我们会讲为什么重要。好，这就是脉络，这就是骨架。如果你想稍微详细一点点，你还可以这样，再来，读——

【PPT】

云就像是天气的"招牌"：天上挂什么云，就将出现什么样的天气。

经验告诉我们：天空的薄云，往往是天气晴朗的象征；那些低而厚密的云层，常常是阴雨风雪的预兆。

薄云有卷云、卷积云、积云和高积云四种。

低而厚密的云层有卷层云、高层云、雨层云、积雨云四种。

我们还可以根据云上的光彩现象，推测天气的情况。

晕、华、虹、霞都属于云上光彩现象。

天气变化异常复杂，看云识天气毕竟有一定的限度。要准确掌握天气变化的情况，还得依靠天气预报。

149

（生齐读）

师：这样的训练咱们以前做过吗？其实就是把脉络提取出来。把一本书读——薄，把一篇长文章读——短。这是信息爆炸的时代非常重要的能力。这样的提炼做了之后，我们就明白《看云识天气》的条理为什么特别清晰了。作者是怎么做到的？用了什么说明方法？

（生不确定，老师提示帮助）

生：分类别。

师：对！而且作者是层层在运用——

生：分类别。

师："分类别"，请记笔记。不仅如此，刚才我们呈现的这些句子，或者是全文的——总结句，或者是全段的——总起句。作者就用这样的方法，把一篇文章写得面目清晰、眉清目秀了，来，齐读——

【PPT】

"宏观看全篇骨架"方法总结

总分分总巧张弛
层层分类眉目秀
标识句子来引领
清清爽爽好结构

（生齐读）

师：标识句就是总起句、总领句、总结句。再来，预备——

（生再读）

师：放之四海而皆准的写作方法。永远都用得着。来，咱们马上练练。做个语言游戏吧！

（投影多幅明星图片，和学生一起指认。课堂气氛活跃。略）

【PPT】

自定分类标准给影星分类

陈道明　赵　薇　周星驰　杨　幂　鹿　晗

林心如　苏有朋　周杰伦　孙　俪

成　龙　胡　歌　斯琴高娃　黄晓明

赵丽颖　霍建华　周　迅　吴亦凡

师：自定义分类标准，给这些影星分类。谁来？标准要清晰，你不用全部分类，你可以给其中的部分分类。

师：这不需要使劲想，使劲想就没意思了。

（走到一生旁边，把话筒递给他。生一时说不出来）

师：我帮你，按男演员和女演员分类。

生1：按性别标准分，男演员有陈道明、周星驰……

师：等——（节约宝贵的课堂时间）

生1：女演员有赵薇、杨幂……

师：等——

师：圆满完成了，就这么简单，继续分类。

师：这个同学笑成这样，你来，有标准吗？

生2：有影视明星陈道明、赵薇等。有歌星苏有朋、周杰伦等。

师：我跟你想法不同，因为苏有朋、周杰伦也演电影。你的分类标准可取。老师是暂时都把他们当成影星。不错，动脑筋了。

生3：老师您那个年代特别追捧的是陈道明、斯琴高娃等，21世纪学生特别喜欢的是杨幂、鹿晗等。（引发了全场欢笑）

师：你特别聪慧，各个年龄段都有自己崇拜的明星，都有各自的偶像。

生4：我的标准比较奇葩。我是按照姓名的首字母分类。首字母是A—M的一类，首字母是N—Z的一类。

师：你这确实很奇葩，但是你这个标准恐怕不能引起大家的共鸣。（众笑）

生5：我想的是结婚的分一类，没结婚的分一类。

师：明星结婚是比较敏感的事。结婚的有——

生5：有杨幂、周杰伦等。没结婚的有鹿晗、吴亦凡等。

师：希望他们永远不要结婚。

（全场师生都笑了起来，会场充满着快活的空气）

师：分类别就这么简单。其实你还可以根据他们的表演技巧、表演的内容以及影响力等等来分，这就是分类别。

【PPT】

分类标准

性别：男、女

地区：大陆、香港、台湾

时代：50后、60后、70后、80后、90后

表演内容倾向：武打、爱情、历史、宫廷……

表演技巧：实力派、偶像派

影响力：很大、一般、较小……

……

师：仅仅会分类别还不够，要想让自己的文章眉清目秀，还要会用总起句、总结句，提纲挈领的句子。咱们这个班的语文水平怎么样，属于哪个等级？

生：牛。

师：真的假的，我立马看得出来。王老师写了一段文字，这段文字需要全文的总起句和总结句，还有三个段的总起句。那咱们就得现场写作，不用笔写，就用大脑写。我看看你们是不是最牛的。

全文的总起句就晚点儿，我们先看段落的总起句。来，读——

【PPT】

全文总起句：

段落总起句：

陈道明、斯琴高娃等扬大陆风采；成龙、梁朝伟、周星驰等创港片奇迹；林心如、苏有朋、周杰伦展宝岛特色。

段落总起句：

成龙、李连杰等展武打神威；周星驰等开创"无厘头"喜剧；陈道明、斯琴高娃等的历史剧炉火纯青；赵丽颖、霍建华等的仙侠剧深得年轻一代推崇；孙俪等的宫斗剧也拥有大量观众……

段落总起句：

陈道明、成龙等老当益壮，赵薇、周迅等承前启后，关晓彤、杨紫、吴亦凡等小荷已露尖尖角……

……

全篇总结句：

（生齐读一段，练习写一个段落总起句。在老师的反复指导与点拨下，学生顺利完成这一阶段的学习任务。略）

师：在这么短的时间里，我们又做了一个提炼核心信息的训练。好，总结句和总起句挺难的，老师就帮助大家写出来。《看云识天气》教我们，要分类，要有关键句，文章就眉清目秀了。来，朗读，预备，齐——

【PPT】

（全文总起句）从50后到90后，华语影视欣欣向荣。江山代有才人出，各领风骚在影坛。

（段落总起句）

大陆、香港、台湾相互呼应，协同发展。

各种影片类型推陈出新，创意非凡。

影坛百花争艳，各个时代都有代表人物。

（全篇总结句）成偶像明星易，迈向实力派道路艰难。愿影星们到中流击水，浪遏影坛。

（生齐读）

师：浪遏影坛。（强调"遏"的读音，带读）

这里用的方法和《看云识天气》一模一样，宏观看全篇骨架就是这个方法，"总分分总"，预备，齐——

（生齐读复习"宏观看全篇骨架"的方法）

师：记笔记，提炼关键信息：总分分总和层层分类。

二、中观识段落铺展

师：第一个学习阶段结束，进入第二个：中观识段落铺展。

【PPT】

如何才能做到有条理地表达

2. 中观识段落铺展

（方法：段落对比）

师：方法非常简单，就是进行段落之间的比较。部分说明文、散文的学习你也可以用这样的方法。通过比较，你就会发现，作者朱泳燚在段落上条理也特别清晰。

师：比如说，这个段落讲的是薄云。薄云有四种：卷云、卷积云、积云、高积云。我来指挥，你们来读。

【投影课文第三段】

（学生在老师的指导下读）

师：很好，注意，朱泳燚推出薄云的四种代表性的云，叫卷云，叫卷积云，叫积云，还有一种叫高积云，是这样的方式。

【投影课文第四段】

师：写厚云，不一样。我指挥，你们读。

（学生在老师的指导下读）

师：好，考你们的观察能力、思维能力。作者推出卷云、卷积云、积云、高积云是以这种方式，而推出卷层云、高层云、雨层云有"当、接着、最后"，有什么不一样。前四种云它们的推出是？

（生举手）

师：来，反应很快，你是上课特别愿意思考的孩子。

生：前面用的是逻辑顺序，后面用的是时间顺序。

师：时间顺序其实也是一种逻辑顺序，你要调整一下，后面是时间顺序说得很好，前面这个呢？显然不是时间顺序。

生：它是状态在变化。

师：来，请坐，你有补充吗？

生：我觉得这是一种形态的变化。（学生无法准确表达）

师：哦，我明白了。我知道大家发现了朱泳燚推出这四种薄云是并列的，而后面的这三种云它是按时间推进的。老师给它取个名：一种叫做"横式展开"，一种叫做"纵式前行"。做笔记。

（生做笔记）

师：横式展开和纵式前行，这是段落内部的奥妙。

师：中观识段落铺展方法，读——

【PPT】

　　　　　"中观识段落铺展"方法小结
　　　　　　横式展开是并列
　　　　　　纵式前行看发展
　　　　　　横纵交错变化美
　　　　　　小小段落有颜值

　　师：好，我们现在做第二个游戏——段落练习。横式的段落比较简单，依次说明就可以。纵式的有难度，也就是在你的说明语言当中要表现出一种时间的推进。咱们以周迅这位演员为例，来说周迅的成长历程。

【PPT】

　　游戏二：
　　用"纵式前行看发展"的段落展开方式，简要说明著名演员周迅的成长路径。

【投影周迅电影图片】

　　师：先做个知识普及，演员的发展最初是"小鲜肉""花瓶"，不解释，自己看投影。

【投影"小鲜肉""花瓶""戏骨"的概念。略】

【投影周迅从影历程。略】

　　师：速读，周迅从影的历程。

（学生一边看屏幕一边听老师介绍）

　　师：一开始，她是"画报女郎"，被导演发现。然后出演了很多让人难忘的角色与影视作品，比如说太平公主，比如说林徽因，比如说《画皮》，比如说《红高粱》。2017年，她一定会霸占中国的电视荧屏，因为《后宫·如懿传》即将播出……

　　师：大家了解了吗？现在我们做一个练习。用一段话说说周迅的发展历程。用上朱泳燚介绍厚云的关键推进词语，比如"当""接着""最后"，加上"从未来发展看"，要求用上"花瓶式演员""实力派演员、老戏骨"等词语，介绍一下周迅的从影之路。

155

【PPT】

- 当_____
- 接着_____
- 最后_____
- 从未来发展来看_____

（要求：必须用上"花瓶式演员""实力派演员""老戏骨"等词语）

师：好，谁来试一试，我看看谁的眼神最怯懦。我找一个，来，小朋友，我看你的眼神老躲闪，越躲闪就越被王老师看中。来，我帮你。"当——"

生：当她年轻的时候。

师：她怎么样被发现的？

生：她因为颜值很高被导演发现。（众笑）

师：接着——

生：接着，从演太平公主这一角色开始，演技实力不断加强。

师：最后怎么样？

生：最后成了一位实力派演员。从未来的发展来看，她——（沉默）

师：你猜测一下她未来的发展。

生：她会发展成为观众眼中的"老戏骨"。

师：说得好不好？

（掌声）

师：所以小朋友你要有自信。你说得真好。我还来不及帮忙，你就已经说得清清楚楚了。

这就叫做"纵式的发展"，来，读——

【PPT】

当周迅未出道时，她靠美貌被导演发现。大家都觉得她可能是"花瓶式"演员。

接着，她出演了《大明宫词》等影视作品，才华渐渐展露。

最后，她凭着各种高难度的角色，拿奖拿到手软。从偶像派演员成为公认的实力派演员。

从未来发展看，她将是中国又一个"老戏骨"。

（生齐读）

师："角色"读 jué sè，不是 jiǎo sè，注音。（带读三遍）

师：小姑娘们，咱们小时候都有成为著名演员的梦想，大家从"花瓶式"演员起步，但是最后一定要迈向实力派演员，一定要迈向"老戏骨"那个境界。因为人都是会老的，偶像派是不能持久的。

咱把这种段落铺展的方法再读读复习一下——

【PPT】

横式展开是并列，纵式前行看发展。

横纵交错变化美，小小段落有颜值。

（生齐读）

三、近观析层次构造

师：再来，我们进入第三部分的学习。

比段落更小的是层次。那么我们分析层次的构造方法是什么？方法是进行层次的解剖，为什么要这样做？因为层次解剖后你就会发现层次的奥妙。作者的写作是有规律可循的。比如说云上光彩现象这一段，作者介绍了哪些光彩现象？

生：晕、华、虹、霞。

【PPT】

细读"云上光彩现象"一段。对"晕、华、虹、霞"的说明，作者无非是从"位置、时间、状貌、作用、名称"等方面介绍，但其组合方式讲究变化，故有语言的摇曳多姿之美。让我们来找找规律……

师：如果我们做一个微观的剖析，它其实就是从"位置、时间、状貌、作用、名称"等方面介绍，但它的组合方式有细微的变化。看课文"云上光彩现象"那一段，比如说"晕"。来，我们来读"晕"，我教你怎么分析。"在太阳和月亮的周围"，预备，齐——

生：在太阳和月亮的周围。

师：停，这其实是说它的——

生：位置。

师：继续读。

生：有时会出现一种美丽的七彩光圈，里层是红色的，外层是紫色的。

师：停，这是什么？

生：状貌。

师：状貌，说明文中有一种说明方法叫"摹状貌"。继续读，"这种"——

生：这种光圈叫做晕。

师：停，这是什么？

生：名称。

师：好，继续——

生：日晕和月晕常常产生在卷层云上，卷层云后面的大片高层云和雨层云，是大风雨的征兆。

师：这是什么？

生：作用。

师：你看，他就是这样进行组合的。我再举个例子，看到这段的最后，最后介绍的是"霞"，"还有一种云彩"，预备，齐——

生：还有一种云彩常出现在清晨或傍晚。

师：停，这是写的什么？

生：时间。

（师用同样的方法边读边介绍）

师：如果我们把每一种云上光彩现象都做这样的微格分析，你就会发现，作者写作是有规律的。任何一种光彩现象无外乎就是这几种。

【PPT】

晕：位置＋状貌＋名称＋作用

华：名称＋状貌＋位置＋作用

虹：时间＋位置＋状貌＋名称＋作用

霞：时间＋位置＋状貌＋名称＋作用

师：这就是层次的奥妙。来，看"近观析层次构造"的方法。

【PPT】

　　　　　"近观析层次构造"方法小结
　　　　　　壶里乾坤造层次
　　　　　　微雕工艺最精绝
　　　　　　有章可循巧组合
　　　　　　错落有致见功力

（生齐读）

师：请记笔记。我建议记核心词：有章可循、微雕工艺。叶圣陶的《苏州园林》是这样的，《松鼠》《故宫博物院》也是这样的。你会发现每一个作家在造段和造层次的时候，是有规律的。咱们学习语文就是要把这些规律性的东西提取出来。

【PPT】

　　　　　　　　游戏三

　　请自由组合"性别、形象特点、表演风格、代表作品、荣誉称号"等要素，用准确活泼的文字介绍"香港四大天王"。

师：这第三个游戏回去做，因为要查资料。四大天王，你们知道吗？是我们的偶像，不是你们的偶像。你们也可以选择你们自己感兴趣的歌星、影星，比如说杨幂之类的"四小花旦"，自由组合。自由组合什么呢？（指着投影）

生（齐答）：性别、形象特点、表演风格、代表作品、荣誉称号。

师：把这几个要素不断地玩，你就可以写出很好的段落出来，而且你的文字也会摇曳多姿。

四、微观鉴句内逻辑

师：我们最后一个目标是干什么？来，"微观"，预备，齐——

生（齐读）：微观鉴句内逻辑。

师：层次是由句子构成的。朱泳燚写得好，他必须关注句子的逻辑。那怎么办？必须调动我们的生命体验。我们用思辨性阅读的方式来学习。

考考大家，这是原文中特别重要的关键句。如果你想好了，不要暴露啊。

【PPT】

原句：我们要学会看云识天气，就要虚心向有经验的人学习，留心观察云的变化，在反复的观察中掌握规律。

（一女生读原句）

师：这个句子不去琢磨也就这样了，没什么问题。但是你要一琢磨就会发现，它不太符合我们学习知识掌握技能的逻辑。

（一生举手）

师（赞赏地）：你是班长啊？（生摇头）语文科代表？（生摇头）数学科代表？那你是啥人啊？你思维这么活跃，我选你当这节课的语文科代表。（众笑）

生：我觉得我们一般学习都是先自己观察，得到结论，然后和前人的结论相对比，既可以加深对正确结论的印象，又可以看自己的思维有哪些错误的地方。但文章中是"先学习再自己留心观察"，因为已经学习了，就知道规律了，就不用再观察找规律了。

师：听懂他的意思了吗？我觉得我的眼力真不错，我不仅要选你为这节课的科代表，还要提拔你为这节课的班长。这个思维是很有深度的，和王老师是英雄所见略同啊。（众笑）

我觉得学习知识、掌握技能是有先后逻辑的。首先都得靠自己，然后才是靠师傅。所以，如果变成这样，读——

【PPT】

改句：我们要学会看云识天气，就要留心观察云的变化，虚心向有经验的人学习，在反复的观察和学习中掌握规律。

（生齐读改句）

师：这叫做句内的逻辑。这个方法在哪里，我也不知道。反正自然界都是有道的。先后都是有序的。"天行有道"，预备，齐——

【PPT】

"微观鉴句内逻辑"方法小结

天行有道

顺其自然

瞻前顾后
左顾右盼

（生齐读）

师：请记笔记！"瞻前顾后、左顾右盼"，这不仅在说明文的学习中适用，在任何文本的学习中都适用。只要有这样的一种意识，咱们就能很好地处理句内词语或者短语的先后逻辑，这是方法四。再来，"天行有道"，预备，齐——

（生再读，复习）

师：这节课的基本内容学完了。这节课我们做了四次研究。"宏观"，预备，齐——

【PPT】

学习课文"表达特别有条理"的优点
宏观看全篇骨架
中观识段落铺展
近观析层次构造
微观鉴句内逻辑

（生齐读）

师：下课。

· 听课回响 ·

我来问道无余话，尽在王君课堂中

河北省唐山市税东中学　陈晓东

一堂课，一堂众人眼里可能是枯燥无味的关于说明文的课，一堂临近中午的听课老师都已经饥肠辘辘时要听的课，在将近一个小时里，在场听课的上千人，仿佛被一种神奇的魔力吸引，纷纷微笑、默叹，以为妙绝。到了宣布下课的那一刻，整个会场爆发出一片雷鸣般的掌声。主持人宣布散会了，可是好多老师还舍不得离开，还沉浸在课堂的美妙里。

这个人就是课堂艺术家王君，这堂课上的就是说明文《看云识天气》。

那么这堂课的魔力究竟在何处呢？

一、这堂课上出了说明文的实在。

大道至简。这是一堂本色的课，按照王君老师的文本特质理论，这堂课被定位为语用型文本。在这堂课中，王老师巧妙围绕语用，下足了功夫。

1. 字词教学实在。语文教学不是培养谈论语言的人的教学，而是培养使用语言的人的教学。要使用语言，最简单的标准就是要认识字，会写字，会用字。上课伊始，王老师并没有故弄玄虚的导入，而是让学生到前面板演生词。七年级字词教学作为重点。在公开课上舍得用时间进行字词教学，这种实在的背后体现的是王君老师的课堂洗尽铅华，着眼于学生思想的教学理念。

2. 习惯的养成训练实在。在这堂大型公开课上，每每总结出方法规律性知识，王老师都不厌其烦地提醒学生做笔记。整堂课，王老师仅提示学生做笔记就达到六次之多，仿佛那学生就是她自己的孩子。

3. 能力的训练实在。李海林教授曾经说，语文教学是培养学生正确地使用祖国的语言。文字的能力重在能用，而不是知道。在看篇、看段、看层等环节，每每总结出规律性的知识之后，王老师总能恰到好处地进行训练，力争让学生能够灵活运用学到的知识，完成从知识、规律到具体运用的迁移。

4. 学生的收获实在。一堂课真正的价值的着眼点和落脚点都必须是学生。现在有一些公开课华而不实，听起来够煽情，静下心来思考，却四处茫茫皆不见，什么都没有留下。而这堂课，王老师围绕"说明条理特别明白清晰"来展开，由整体到局部，从大处到细节，反复锤打，总结出规律，且学生通过老师的导引，能够当堂获得"即战力"，出色地完成了针对性的训练，可见老师传授的方法有用、有效。

二、这堂课上出了记叙文的精彩。

叶澜教授曾经说过，课堂应该是向未知方向挺进的旅程，随时都有可能发现意外的通道和美丽的图景，而不是一切都必须遵循固定线路或走上没有激情的行程。

王老师的匠心体现在她宛如导游，抛弃了一般教授说明文的程式化模式，用一颗慧心引领学生在字里行间穿行，运用对比法、中心句提炼法让我们蓦然发觉一篇看似平平无奇的说明文竟然如此精彩：文本整体布局之妙，段落展开、句子排列、句内逻辑之妙。王老师还与学生一起总结出具体的方法，并且结合时下学生最喜欢、最流行的明星进行相关的练习，课堂上笑声不断，高潮迭起。

语文教师，一定要立足学生的最近发展区，善于经营一个适合语文的场。这样语文才能慢慢走进学生的心灵。

三、这堂课上出了议论文的严密。

优秀的课堂教学应该是一个严密的论证过程，王老师这堂课以"说明条理特别明白清晰"为纲，按照宏观看全篇骨架、中观识段落铺展、近观析层次构造、微观鉴句内逻辑四大板块来组织教学，同时每一个板块又构成一个独立的教学内容。在每一个独立的教学板块内部，又采用了异彩纷呈的突破方式。比如用提取关键信息的方法（提取关键词、关键句，缩写）来突破第一环节"宏观看整体骨架"，用对比法突破"中观识段落铺展"，用层次剖析法析层次构造，用调动体验法鉴句内逻辑。整堂课的设计是一种严密的论证，每个板块的设计又分别是一种严密的论证。

这种设计正来自老师文本素读的功力，来自王老师对于整个文本高屋建瓴的把握。我们在备课时，既要从宏观上具有俯瞰整个文本的能力，还要潜入文本，深入段、句、词甚至每一个标点，静心阅读，用思考代替搬运，从文章的字里行间读出教参、教辅上没有的内容。

四、这堂课上出了诗歌的跳脱与灵动。

说明文竟然上出了诗意，这听起来让人难以置信。然而，每一个有幸听了这节课的人都见证了这个奇迹。

纵观整堂课，围绕"表达特别有条理"，按照篇章布局、段落、层次安排、句子逻辑四大板块铺展开来，一咏三叹，回环往复。整堂课宛如一首无韵之诗，入口，入心，入耳。

整堂课这四大板块，每一个板块的总结语竟然都是一首诗。

宏观看全篇骨架的总结：总分分总巧张弛，层层分类眉目秀。标识句子来引领，清清爽爽好结构。

中观识段落铺展的总结：横式展开是并列，纵式前行看发展。横纵交错变化美，小小段落有颜值。

近观析层次构造的总结：壶里乾坤造层次，微雕工艺最精绝。有章可循巧组合，错落有致见功力。

微观鉴句内逻辑的总结：天行有道，顺其自然。瞻前顾后，左顾右盼。

最让我震撼的是第四大板块——微观鉴句内逻辑，王老师引导学生咬文嚼字，瞻前顾后，这个环节是在训练学生一种最可贵的精神——质疑精神。"尽信书不如无书"。王老师从字词、从句间关系等多角度引导学生质疑，让学生的思维真正沉潜下来，在这里，我好像听到学生思维流动的声音。不迷信书本，不迷信权威，我们的老师只有站着教书，我们的学生才会在以后的学习和生活中永远挺直脊梁。

指点行云平仄起

河北省秦皇岛经济技术开发区第一中学　黄志研

看云识得天气，看君默叹创意。

壶里乾坤奇绝，青春语文瑰丽。

听王君老师的语文课，心中总是激荡着热情、感动还有诗意。青春语文始终绽放着生命的活力，创新语文总能让人享受到指点江山的魅力。

一、平仄间彰显哲学思想，意在语文思维的培养。

说明文教学，总让师生感到乏味。说明对象、说明方法、说明语言、说明顺序……一系列模式化的教学充斥着语文课堂。而王君老师的《看云识天气》，富有挑战性的教学设计，让人眼前一亮，不禁拍案叫绝。

哲学思想的引入，学生的语文思维被激活。宏观——中观——近观——微观，短短八个字，把学生引入了逻辑思维的快车道，这是思维的训练，也是学法的指导，更是以教材为例的典范。"宏观看全篇骨架，中观识段落铺展，近观析层次构造，微观鉴句内逻辑"，平仄之间让学生懂得的不仅仅是怎样学习《看云识天气》，他们练就的是学说明文的本领。举一反三、触类旁通的学习效果，尽在这富有哲学思想的小诗之中，经济实惠又富有诗意的学法，实在奇妙！

二、平仄间蕴蓄诗意引领，意在语文素养的培养。

"行到水穷处，坐看云起时"，《看云识天气》一课，正如王维的《终南别业》一样浪漫。王君老师带着孩子们看云卷云舒，尽在诗的意境，这不禁让人想到 2016 年 9 月 13 日权威出炉的《中国学生发展核心素养》，其六大要素之一的"人文底蕴"，在这节课上落实得可谓铿锵有力。

"总分分总巧张弛，层层分类眉目秀。标识句子来引领，清清爽爽好结构。"用诗意告诉学生，高屋建瓴方可把握说明文全局。

"横式展开是并列，纵式前行是发展。横纵交错变化美，小小段落有颜值。"用诗意告诉学生，布局谋篇贵在灵活多变。

"壶里乾坤造层次，微雕工艺最精绝有章可循巧组合，错落有致见功力。"用诗意告诉学生，品词嚼句方可吃透文本。

用浪漫的诗歌解读朴素的文本，情趣盎然、易学易懂。在朴素的说明文课堂上融入诗歌的韵律，可以孕育诗意人生、培养语文素养，品之以为妙绝。

三、平仄间充盈时代信息，意在创新能力的培养。

学以致用，是有效学习的价值体现。一节好课的标准是看学生学习的参与，看学生知识掌握的增值，看学生一节课的成长。

王君老师以诗歌起兴，以能力培养落脚，以游戏为手段，用学生感兴趣的时代信息搭建桥梁，参与、增值、成长，一一落实。

歌星、影星，实力派、偶像派，70 后、80 后、90 后，学生的分类是难以预料的奇思妙想，令人赞叹思维的活跃与理性。

"当、接着、最后、从未来发展看"，王君老师抓住细节步步引领，学生行云流水般地串联起了周迅的成长历程：花瓶式演员——实力派演员——老戏骨，令人赞叹思维的合理与严谨。

王君老师行走在人文性、思辨性、挑战性的说明文教学的创新之路上，让《看云识天气》焕发了勃勃生机，让说明文教学充满了青春的气息，怎能不让人感慨万千：

  指点行云平仄起，一丝一缕讲逻辑。

  戏游无常天地广，诗意学法创奇迹。

·课堂实录·

《四块玉·闲适》课堂教学实录

执教：赵谦翔

师：各位老师，各位同学，大家好！非常荣幸有这个机会在这里上一堂语文课。刚才主持人介绍了我的"绿色语文"，虽然是我开始提倡的，可是我现在已经退休八年了，我现在是"绿色语文"的自由授课人。所以有这个机会在这上课，我得感谢大会，感谢各位同学们，谢谢你们！

（全体鼓掌）

师：上课！同学们好！

生：老师好！我们的口号是：阳光一班，乐观向上，严谨守则，共创辉煌！（鼓掌）

师：你们第一句口号叫阳光什么？

生：阳光一班。

师：阳光一班，其他还有阳光二班？就你们阳光？那妥了，今天"绿色语文"有阳光照耀，肯定没问题。请坐！（台下鼓掌）

【PPT】

南吕

四块玉·闲适

元　关汉卿

北京版八年级下

授课人　赵谦翔

南吕：

古代音乐

十二律之一

师：先解一下题。南吕是什么意思？古代音乐的一个术语，古代音乐的调门有十二律，这是其中之一。我们这堂不是音乐课，不细讲了。南吕是给伴奏的、那些拿乐器的人提示的，要用这个调，别跑调了，懂吗？

【PPT】

四块玉：曲牌名

闲适：题目

师：四块玉是曲牌名，我们肯定学过词，对吗？词有词牌，比如我们学过李清照的什么？

生：《如梦令》。

师：《如梦令》，对吧！《如梦令》的词牌就决定了几段、几句，每句几个字、押什么韵。那是格律要求。现在到了曲子呢，也有曲牌名，也是规定了有多少句、多少个字、押什么韵，懂吗？这叫"四块玉"，它怎么不叫"一块玉"呢？因为下文正好四段，一段一块玉，加一起四块玉，是应该这样。题目就是"闲适"，"闲适"怎么解呢？悠闲，适意，轻松，愉快，现在正是个休闲盛行的时代，所以咱们看看古代这位关汉卿，写的这首著名的《四块玉》是如何"闲适"的吧。

【PPT】

关汉卿：元朝戏曲家，后世誉为"曲圣"。

师：关汉卿，大家感兴趣可以课后再去上网查。"曲"有两个内涵，一是戏曲，二是散曲。戏曲是什么？就是像咱们现在的京剧，连唱带舞带对白。关汉卿是个戏曲作家，将来上高中还会学他的《窦娥冤》，但是我们现在学的是散曲，就比如我们刚才说的《四块玉》，属于散曲。散曲是诗歌，戏曲是戏剧。现在说他是"曲圣",就是说这两方面他都是第一的。

【PPT】

猴年央视元宵晚会

书香年华

许嵩词/孙涛唱

师：今年就是猴年，央视元宵晚会上有一支歌叫《书香年华》，我听他一唱完，马上就上网去查。结果网上还查不到。第二天早晨我查到了这个歌的歌词。我把它展示一下，大家看一下。你们一起来读。

【PPT】

童声：

云对雨，雪对风，

晚照对晴空。

来鸿对去燕，

宿鸟对鸣虫。

三尺剑，六钧弓，

岭北对江东。

人间清暑殿，

天上广寒宫。

（生齐读）

师：知道这叫什么吗？有没有人知道？大声说！（指着一生）大点声说，你说什么？

生：对偶。

师：对偶，说对一半，请坐！对韵歌。对偶：云对雨，一对一；雪对风，一对一；晚照对晴空，二对二；三尺剑，六钧弓，三对三；最后，五对五。这是对偶，没错，但是涂绿的那些字儿是干什么的？

生：押韵的。

师：押韵的，所以古代管这叫"对韵歌"。可惜咱们现在不学了，古代私塾里就教这个，教这个干什么呢？练对偶和押韵，然后就会怎么着呢？写诗啊，懂吗？中国古代的诗很讲究对偶押韵的。那么大家再读一遍，把韵脚读

169

响一点。"云对雨，雪对风"，预备，齐——

（生齐读）

【PPT】

许嵩：

多久没有提笔，

为你写一首诗。

对偶平仄押韵，

难道都在故纸？

常常欲言又止，

表达缺乏情致。

书到用时才恨少，

还真那么回事。

师：接着下面还有，预备，齐——

（生齐读）

师：古代的那种对偶平仄押韵的诗，我们现在怎么着？想写，但是怎么呢？不会了！"书到用时才恨少，还真那么回事"，我们现在想写诗写不出来了。这段歌词说出了我们当今语文教学的遗憾。

【PPT】

孙涛：

梦里一记钟声，

恍然敲回古时。

花明柳媚春日，

书院里又添学子。

苦读百卷经史，

不止为功名之资。

学问里自有传承和坚持。

师：接着读，预备，齐——

（生齐读）

师：这段话里，最见境界的那个句子在哪儿啊？一起说，不用举手，看不出这个来，那不就白学了吗？

生：学问里自有传承和坚持。

师：答对了。但是前头那儿说"不止为功名之资"，是说功名之资要不要呢？要不要？

生：要。

师：要的，功名之资是啥？升学，考个好高中，考个好大学，我们也要为这个，因为考试能够选拔人才嘛，对吧？有高考我们就得要这个。但是你只要这个，那就没劲了。我们要这个（升学）的同时还要"学问里自有传承和坚持"。传承什么？传承古代的文化文学传统。坚持什么？我们中华民族的优秀文化传统。我们对自己的民族得有自信呀。

【PPT】

合唱：

琅琅书声如春风，

拂过千年时空。

少年啊壮志在胸，

赋首辞让人感动。

借一场古曲的梦，

与东坡热情相拥。

没告诉他将被千古传颂，

没告诉他将被千古传颂。

（生齐读）

师：这段话里最关键的话是什么？他在呼吁，看看是哪一句？

生：少年啊。

师：少年怎么了？

生：壮志在胸。

师：就壮志在胸就行了？天天有壮志在胸，在那个胸里翻腾就完了？啊？什么？

生：赋首辞让人感动。

师：对！你得赋首辞让人感动。前头都说了想要写，现在通过学习，得

171

赋首辞让人感动。你有壮志得抒发出来，像李白那样，像杜甫那样，懂吗？所以这个歌词号召咱们，你学了诗歌鉴赏，你还得"赋首辞让人感动"。当然，你让人感动，首先得谁感动？

生：自己感动。

师：得自己感动啊！所以我们这堂课就按照这个精神来上。

【PPT】

《书香年华》

正能量

语文素质教育

苦读百卷经史

不止为功名之资

学问里自有传承和坚持

少年啊壮志在胸

赋首辞让人感动

师：书香年华的正能量，语文素质教育。具体来说，"苦读百卷经史，不止为功名之资"，我们今天学的东西肯定对考试有用，但不只对考试有用，得超越它。"少年啊壮志在胸，赋首辞让人感动"，我们最后一环节，每个人现场写诗。

师：好了，我们开始读课文。你们有预习，我就不读了，一起来，读准字音，"适意行，安心坐"，预备，齐——

【PPT】

适意行，安心坐，渴时饮饥时餐醉时歌，困来时就向莎茵卧。日月长，天地阔，闲快活！旧酒投，新醅泼，老瓦盆边笑呵呵，共山僧野叟闲吟和。他出一对鸡，我出一个鹅，闲快活！意马收，心猿锁，跳出红尘恶风波，槐荫午梦谁惊破？离了利名场，钻入安乐窝，闲快活！南亩耕，东山卧，世态人情经历多，闲将往事思量过。贤的是他，愚的是我，争甚么？

（生齐读）

师：非常好，预习得非常好，字音咬得非常准，太好了啊！现在我们还得读，为什么呢？读响韵脚，因为一会儿我们要作诗就得押这个韵，你把韵脚读响了，然后你才不至于押不上。来吧，就把那韵脚读得大声点儿，哪怕声怪点，一定要突出，懂吗？"适意行"，预备，齐——

（生齐读）

师：好，非常好！这回得读出节奏。中国古代诗歌的语言有音乐性，音乐性表现在三方面：一押韵，二节奏，三平仄。平仄知道不？啊？好像不大知道。我们中国的语言呀，每个字基本都有四声，当然轻声不算，算轻声五个声。一声二声三声四声，一声二声相对变化比较小，我们管它叫"平"，三声四声变化大，比如三声，比如"好"（三声），先下来，再上去，这个就变化大，那叫什么？叫"仄"，"仄"就是不平。"好"的第四声呢？声音从上面跌下来，变化也挺大。所以一二声叫"平"，三四声叫"仄"。一个句子里平仄相间，不能平平平平平平平，这话听起来就不好，你仄仄仄仄仄仄仄，也不好听，必须得平平仄仄，仄仄平平，起起伏伏就好听了。而且对偶句之间呢，那上边是平，下边是仄，上边是仄，下边是平，读起来更有感觉。这个感觉就叫一个词，你们可能常说，但不知道指啥，就叫"抑扬顿挫"，懂吗？世界上的语言就中国有这个特点，所以外国人，看咱中国人写字像画画，因为什么？我们的字是什么字？

生：象形字。

师：象形字啊，甲骨文都是图画啊。听中国人说话像什么？

生：像唱歌。

师：像唱歌，因为我们不但有节奏，不但有押韵，还有平平仄仄，仄仄平平，所以这就是我们中华民族语言的优点。节奏也有音乐性。咱们有一种乐器叫架子鼓，对吧？打架子鼓有唱的吗？有伴唱吗？有调吗？没有，它敲击的只是那个长长短短、快快慢慢相间的节奏，那个节奏就是音乐。曲子呢，它的节奏就是参差不齐的。

【PPT】

适意行（3）安心坐（3）

渴时饮饥时餐醉时歌（9）

困来时就向莎茵卧（8）

日月长（3）

天地阔（3）

闲快活（3）

师：这一首就3、3、9、8、3、3、3。最长的九个音节，最短的是三个音节。参差不齐也是一种美。来，再读一遍，"适意行——"

（生齐读）

师：这就跟咱们学唐诗的格律不一样了，比如说五言绝句，每句都有几个字？

生：五个。

师：那要说四个字怎么办？那就不算绝句了。律诗是八句，比如说七律，每句几个字？

生：七个。

师：七个字。古代的诗的节奏基本都是相同的。到了词，就参差不齐了，到了曲，就更加参差不齐了。来，第二首，再读，"旧酒投"，读——

【PPT】

旧酒投（3）新醅泼（3）

老瓦盆边笑呵呵（7）

共山僧野叟闲吟和（8）

他出一对鸡（5）

我出一个鹅（5）

闲快活（3）

（生齐读）

师：看这是3、3、7、8、5、5、3。来，第三段，"意马收，读——"

【PPT】

意马收（3）心猿锁（3）

跳出红尘恶风波（7）

槐荫午梦谁惊破（7）

离了利名场（5）

钻入安乐窝（5）

闲快活（3）

（生齐读）

师：这一段是3、3、7、7、5、5、3。好，下一首。3、3、7、7、4、4、3。"南亩耕"，读——

【PPT】

南亩耕（3）东山卧（3）

世态人情经历多（7）

闲将往事思量过（7）

贤的是他（4）

愚的是我（4）

争甚么（3）

（生齐读）

【PPT】

《四块玉·闲适》节奏

3—3—9—8—3—3

3—3—7—8—5—5—3

3—3—7—7—5—5—3

3—3—7—7—4—4—3

同中有异，整齐错落

师：好。看看《四块玉》的节奏多么参差不齐。但是你也会发现，《四块玉》每块玉的结尾都是3，然后开头那两句3、3，这就是整齐。但中间的9833、7855、7755、7744那就不齐了，所以它的节奏特点就是：同中有异，整齐错落。这就是它的节奏。如果打架子鼓就按这个节奏打，知道吗？行了。

【PPT】

适意行，安心坐，

渴时饮饥时餐醉时歌，

困来时就向莎茵卧。

日月长，天地阔，闲快活。

师：现在我们要释义诵读了。刚才我们读得已经比较熟了，意思我们要弄懂，再读，"适意行——"

175

（生齐读）

师：注意，"适意、安心"，这俩词一缩写就是什么？"适意、安心"，合起来就是什么？没想到，什么？我们这首曲子的标题。

生：闲适。

师：对不对？所以你写什么文章写什么诗，你得扣题，懂吗？开头的"适意、安心"就扣题了。因为《四块玉》就讲闲适，所以适意、安心就是闲适。适意地走，安心地坐，走、坐，一个动，一个静，然后喝，然后吃，然后唱歌，最后睡觉。人一天的基本生存活动都出来了，对吧。但是应该说，你想想，渴了就喝，饿了就吃，醉了就唱，困了就睡，而且向如茵的绿草上睡，一般人能做到？不能做到。比方说你上课的时候，你渴时饮，一般来说不行，有人只好在底下偷着喝水。上课就是上课的时候。饥时餐，你想吃就吃，现在呢？你现在忙着工作就吃不上。下边就不用说了。那么这些词，这些基本活动就表明关汉卿是如何呀？

生：闲适。

师：闲适。你光说适意、安心、闲适，你总说这个不行，现在他用这些人的活动场面来表现了闲适。但是"日月长，天地阔"有点味道。假如换成：

【PPT】

朝暮短，

宅中过，

闲快活？

师：变成"朝暮短，宅中过，闲快活"。咱们现在不是有很多"宅男""宅女"，对吗？朝暮短，一天时间那么短，过得那么快，我就在宅中"宅"过去了，也闲快活。这个快活，跟这个"日月长，天地阔"一比，怎么样？

生：乏味。

师：乏味，好！小家子气，是吧！那么什么叫"日月长"呢？"日"和"月"可以"长"吗？太阳可以长吗？月亮可以长吗？那为什么日月长？日月是什么？

生：时间。

师：是时间。太阳月亮轮回升起，这是时间，时间是长的。"天地阔"，天和地，这个"日月"代表时间了，"天地"代表什么？

生：空间。

师：是的，时间加空间，叫什么？

生：时空。

师：时空？不对，叫"宇宙"啊！上下四方为"宇"，古往今来为"宙"，原来"宇宙"就是这个意思啊！"闲适"放在宇宙这个背景中，就看出这个潇洒境界该有如何？非常阔大，不是那小家子气了，对吧？所以，不比不知道，一比吓一跳。"宅男"和关汉卿的境界没法比呀！

【PPT】

宇宙浩渺深邃，境界博大逍遥

师：所以我就说宇宙浩渺深邃，那么这个词境界就博大逍遥。你在那宅里能逍遥吗？你往上一碰就碰棚顶了，你逍遥什么，对吗？所以说这个不得了。

【PPT】

适……渴……

醉……困……

日……闲……

师：好了，谁也别看教材，看我提示。一起来背诵一遍，不能看教材，看教材等于打小抄。"适意行"，预备，齐——

（生看着提示齐背诵）

师：非常好，非常好！原来背诵是这么轻松，再来一遍，"适意行"，预备，齐——，快一点！

（生齐背诵第二遍）

【PPT】

首曲

★★生存

师：好了，概括第一支曲子的内容，四个字。我已经把"生存"拿出来了，你们填两个字。

生：闲适。

177

师:"闲适"生存,还有什么?

生:潇洒。

师:"潇洒",还有什么?还有"逍遥"是不是?嗯,都不错。闲适,不太好,因为什么?因为你这段用"闲适"了,下面几段怎么办呢?得说出特点,说"潇洒""逍遥"比较好。但我想用一个现在最流行的词,古代就有,但不流行,现在流行了,就是一干起事情来,那可随心所欲了,叫什么?现代流行词,叫什么?

生:任性。

【PPT】

首曲:任性生存

师:对啊,"任性"啊!(台下大笑)对不对?不是古代没这个词,那时候不流行,现在我们可以用这个流行词概括关汉卿的闲适境界,叫——任性生存。

【PPT】

旧酒投,新醅泼,

老瓦盆边笑呵呵,

共山僧野叟闲吟和。

他出一对鸡,

我出一个鹅,

闲快活。

师:行了,第一首曲子完了。来,第二曲。一起读,"旧酒投",读——

(生齐读)

师:哎呀,现在这个喝酒啊,喝酒的对象是谁呢?山僧,什么叫山僧啊?

生:山里的和尚。

师:山里的和尚,佛家的,佛家已经脱离红尘了,对吧,那他当然闲了。他天天不用寻思工作、打工挣钱,不用寻思这事儿。山僧,一个闲的。野叟,叟是什么?不知道啊?是老头儿。野叟呢?野老头儿吗?(台下大笑)什么叫野叟?在山野里的那个老头叫什么?老什么?

生:老头儿。

师：老农民，懂吗？不是"野老头儿"。一个山里的和尚，一个老农民，这个老农民跟山僧有相似的地方。如果他是中年农民，他现在得干啥？

生：干活。

师：得养家糊口对不对？现在是老农民，想干也干不动了，也该休息了，所以他也是个闲人。所以这俩人都闲。然后呢，老瓦盆，咱就不说那个"老"，就说那个"瓦盆"，瓦盆很珍贵吗？

生：不珍贵，平常。

师：很平常，现在有，古代也有。古代显贵人家喝酒就不用瓦盆了，他用什么？

生：樽，鼎，杯。

师：樽，对。鼎？有点儿大！鼎是煮肉的不是？拿鼎喝怎么喝？樽还行。樽，什么樽？

生：金樽。

师：金樽，懂吗？不是黄金的，那个铜的就叫金樽。葡萄美酒——

生：夜光杯。

师：咱们用"瓦盆"，而且是"老"的，那就是用了很多时间也不舍得丢掉的，穷人家，懂吗？而瓦盆，那不是一个樽一个杯，当然也不是鼎，是个盆，是不是酒也很多？那么"旧酒投"，旧的酒重新酿过了，新的酒也酿过了，看来酒不少，然后老瓦盆又不小。现在山僧、野叟和关汉卿就喝上了。喝上了还得有吃的，他出一对鸡，山僧、野叟出一对鸡，一对鸡是几只鸡？

生：俩。

师：俩鸡，我出"一个鹅"，一个呀，"一"对"二"行吗？

生：不行。

师：不行啊？到底行不行？

生：行！

师：为什么？

生：鹅大。

师：对呀，那鹅大啊！你不养鹅还没吃过鹅吗？他出俩鸡，我出一个鹅，那就对等了，这就相当于我们现在吃饭的什么方式？

生：AA 制。

师：对啊，AA 制啊！（台下大笑）AA 制吃完饭了，没毛病。如果他出"一对鸡"，我出"一个鸭"，下回人家就该算计了："上回我出了俩鸡，你出了一个鸭，下回你得赔我一次。"是吧？喝完酒了，闹别扭了。现在 AA 制，咱谁也不欠谁的，就往一块儿凑热乎、凑热闹。但是更高雅的在于喝完酒他干什么呢？

生：唱歌。

师：唱歌啊，呵呵，"吟和"是唱歌吗？

生：作诗。

师：作诗，谁作诗？

生：关汉卿。

师：一方作诗，另一方呢？

生：听。

师："听"诗？"和"是听诗啊？不对！而是你写诗，我也写一首，对诗，那才叫"和"。饮酒赋诗是多么高雅的活动！

【PPT】

衔觞赋诗，以乐其志。——《五柳先生传》（陶渊明）

隐士生活

师：《五柳先生传》学过没有？

生：没有。

师：还没有。学过陶渊明的《归园田居（其三）》，对不对？

生：对。

师：《桃花源记》，有吗？

生：有。

师：你看陶渊明，"衔觞赋诗"，"觞"是酒杯，"衔觞"就相当于喝酒，喝完酒然后就写诗，"以乐其志"，"乐其志"使我心智感到快乐。写诗是为了娱乐自己，既不为了投稿，也不为了让官场上谁知道，显示自己，是吧？人家就是娱乐，最高级的文学的精神娱乐。这是隐士生活，隐士生活才闲适啊！所以这个地方，刚才我们读的这段——关汉卿是在陶渊明以后多少年的人，显然也是暗用了这个典故。再来读一遍，"旧酒投，新醅泼"，预备，齐——

（生齐读）

【PPT】

旧……老……共……他……我……闲……

师：好了，一起读，"旧酒"，预备，齐——

（生根据提示齐背诵）

【PPT】

次曲

饮酒★★

师：没问题。概括：饮酒——

生：作诗。

师："赋"诗，别用"作"诗。

生：和诗。

师：饮酒"和诗"，"和诗"也行，"赋诗"也行。"和诗"能表现出两个人互动。"赋诗"呢，不管谁，你先写的也好，我先和的也好，最后都叫赋诗。第三段，"意马收"，读——

【PPT】

意马收，心猿锁，

跳出红尘恶风波，

槐荫午梦谁惊破？

离了利名场，

钻入安乐窝，

闲快活！

（生齐读）

师：我们现在有个成语叫"心猿意马"，对吧？心似猿猴那样乱窜乱跳，意像马那样乱跑乱蹦，说明你心怎么着？

生：不安定。

师：不安定，心猿意马，意马心猿都行，它俩都是并列关系，怎么说都行。但问题在这个曲子里，意马给"收"了，心猿给"锁"了，那么那种乱

181

蹦乱跳的心情现在怎么了？

生：没有了。

师：平定了，所以主题叫什么来着？

生：闲适。

师：闲适，所以意马不收、心猿不锁你还闲适什么啊？红尘的什么事叫"恶风波"啊？

生：名利。

师：名利，争名夺利，这个东西太伤害人。其实名和利在各个时代也都回避不了。你们认为这个"谁惊破"，惊破的人多啊还是少啊？

生：少。

师：少，其实是"多乎哉？不多也"。"槐荫午梦"典故，咱们得重复一下，这是一个很重要的典故。

【PPT】

槐荫午梦：即南柯梦。《南柯太守传》载：书生淳于棼醉卧槐荫下，梦为大槐安国驸马，任南柯郡太守，尽享荣华富贵；醒来发现大槐安国就是槐树上的大蚂蚁洞，南柯郡就是槐树最南枝上的小蚂蚁洞。

师：槐荫午梦，槐荫，字面意思就是槐树的阴凉，也叫南柯梦。柯就是树枝，南柯就是树上南边向阳的那个树枝。槐荫午梦、南柯梦，一回事儿。

下面咱们具体说：书生淳于棼，他姓淳于，复姓，就像司马、欧阳似的，是复姓。淳于棼醉卧槐荫下，所以说槐荫午梦。梦为大槐安国驸马，知道驸马是什么吗？驸马就是娶了谁了？

生：娶了公主。

师：娶了公主了，知道吗，那是皇亲呢，这下子妥了，而且有官，任南柯郡太守。郡，比县还大一级。尽享荣华富贵，这下可是满足了。醒来才发现大槐安国就是槐树上的大蚂蚁洞，哪有那事儿啊？南柯郡就是槐树最南枝上的小蚂蚁洞，完了，没那事儿，是吧？所以这两个梦吧，人们在现实中经常做，人们还在这个梦中迷恋着，"槐荫午梦谁惊破"！是这样。来吧，再读一遍，"意马收，心猿锁"，读——

（生齐读）

182

【PPT】

意……跳……槐……离……钻……闲……

师：好，再读。

（生根据提示齐背诵）

【PPT】

三曲

★★名利

师：什么名利？加一个动词。

生：淡泊。

师：淡泊名利，你"淡泊"就是把名利看轻了，还是在心里作劲儿，不到位。"淡泊"不行，比"淡泊"还得厉害，叫什么名利？

生：远离名利。

师：远离是吗？躲开了，（指着一女生）你说什么？

生：放下。

师："放下"，放下好一点。还有没有更好的词啊？

生：抛弃。

师："抛弃"也行。抛弃、放下。放下，有点儿大白话；抛弃，是书面语；淡泊，绝对不行。还有什么？

生：放弃。

师：放弃、抛弃，行了，"摆脱"。"淡泊"不行，淡泊就是心里作劲儿。"摆脱"名利。可为什么第三曲来个"摆脱名利"呢？你不摆脱名利能闲适吗？前两段都是闲适的生活，这一段就深入了：因为我摆脱了名利，我才能闲适，我不摆脱名利，我永远也闲适不了。这是在结构上深入一层了。最后一段，"南亩耕"，读——

【PPT】

南亩耕，东山卧，

世态人情经历多，

闲将往事思量过。

贤的是他，

183

愚的是我，

争甚么？

（生齐读）

师："南亩"，就是南边向阳的地。那个庄稼阳光照射多，那个地好。但是我们说了"南亩"，不是说北边亩就不算，东西南北哪儿的田地都叫南亩，懂吗？所以陶渊明，在哪儿种地来着？

生：种豆南山下。

师：种豆南山下，那也是南亩。

【PPT】

东山卧：东晋谢安曾隐居东山（今属浙江）。东山高卧：高洁之士的隐居生活。

师：东山卧，这里有一个典故。东晋的谢安，跟陶渊明也基本是一个时代，谢安曾隐居东山（今属浙江）。东山高卧就是高洁之士的隐居生活，东山卧就是隐居生活。当然，后来有个词叫——

生：东山再起。

师：东山再起，后来又当官了，那是另外一回事儿。现在说呢，在那里"卧"着呢，就是隐居呢。"南亩耕"可以想到陶渊明，"东山卧"想到谢安，合起来还是那隐士生活。

【PPT】

世态人情经历多

闲将往事思量过

师：世态人情经历多。"闲将往事思量过"中"思量"这个词我涂红了。你经历很多，但是你没有思量过也白搭。不是所有的人都越老越聪明，有人是越老越糊涂的。知道吧，你经历了事，你得思考，那得想明白啊！

【PPT】

世事洞明皆学问

人情练达即文章

——《红楼梦》

师：那我就引一个《红楼梦》的例子。《红楼梦》里有副著名的对联叫

"世事洞明皆学问，人情练达即文章"。这里的关键就是，世事人情也是学问和文章，我管他叫做"无字书"。你们不能总在课堂里学这"有字书"，你们最终总得走上社会。所以世事人情，你得变成学问和文章。怎么办？"洞明"，把它看透彻了，"练达"，已经掌握得熟练通达了，你才能够实现从"无字书"到"有字书"的转化，懂了吗？所以关汉卿这句话，"闲将往事思量过"，那不是一时冲动。"世态人情经历多"，他反复思量过，最后他就决定"闲适"了。

【PPT】

贤的是他，

愚的是我，

争甚么？

师："贤的是他，愚的是我，争甚么？""贤"字，基本意思：德才兼备叫"贤"。请问这里的"贤"突出了什么？

生：才。

师：为什么？因为什么？

生：下边对的"愚"。

师：对！下边是"愚"啊。"愚"是什么？愚蠢，笨拙，没才没学问，那相反的就是有"才"呗，对吗？所以说这个词的理解，你要不知道就在语境中去琢磨吧。

【PPT】

关汉卿：

"愚的是我。"

陶渊明：

"守拙归园田。"

师：上高中你们会学《归园田居（其一）》，那里面陶渊明就说了"守拙归园田"。"拙"和"愚"是什么词？

生：同义词。

师：同义词，对不对？他认为自己拙吗？

生：不是。

185

师：陶渊明说"我就坚守我的愚拙了，我回家，不当官了，官场太伤自尊了"。不为五斗米折腰。所以陶渊明，别人说他愚拙，他说：那我就愚拙啦，不像你们那么聪明，天天在官场里如何如何。那么现在关汉卿也说了：愚的是我，不跟你们争了，跟你们没法说，我们是两个世界的人，沟通不了。你过你的，我过我的。所以陶渊明的性格被关汉卿继承下来了。

【PPT】

走自己的路，让别人说去吧！

——［意大利］但丁

师：这话知道不？

生：知道。

师：古往今来所有的志士仁人都有这个性格，不会去盲目跟风，所以值得你们思考。因为这里肯定有不少歌星影星、体育明星、超女快男的粉丝，你们追也罢，为了娱乐，但你们千万不要为了追星把"自己"追没了。所以，坚守自我不容易啊！来吧，"南亩耕"，预备，齐——

【PPT】

南……世……闲……贤……愚……争……

（生根据提示齐背诵）

【PPT】

四曲

★★无争

师：好，什么无争？

生："与世"无争。

师：妥了。你看，咱们概括内容了，能用四个字不用五个字。简洁就是美。好了，看看全文。

【PPT】

《四块玉·闲适》

首曲：任性生存；

次曲：饮酒赋诗；

三曲：摆脱名利；

四曲：与世无争。

师：《四块玉》讲"闲适"。首曲：任性生存；次曲：饮酒赋诗，还是个闲适；三曲：摆脱名利，阐明"闲适"的另一面——摆脱名利，自然闲适；四曲：与世无争，思想根源，我跟他们都不争了，当然我会闲适。看来四支曲子一曲比一曲更深刻了。

在元朝那个时候，知识分子地位不高，关汉卿那么有才，他想修身齐家治国平天下行吗？没资格，怎么办？"闲适"吧。

【PPT】

《四块玉·闲适》

表面快活

掩盖

内心苦闷

师：所以，《四块玉·闲适》表面是快活，其实掩盖了关汉卿内心的苦闷。

不过，现在时过境迁，已经到了新时代，我就想问一个问题：这个"闲适"生活对当今时代的我们还有意义吗？为什么？一回答"有没有"，二回答"为什么"，简要说明，稍事思考，口头回答。最好是举手，没人举手，我就挨个儿召唤。（台下大笑）想想，我希望你们能勇敢地回答这个问题，没有危险，你答"有"也行，"没有"也行，但你得说出道理来。（一男生举手）这小子太好了，你来。

生：大家好！我觉着这个"闲适"对当今时代的我们还是有意义的。因为毕竟我们长大了之后也一样，也摆脱不了这些官场什么的。（台下大笑）

师：你长大了以后一定当官？

生：不不不，就是以后也要跟这诗人一样，去摆脱名利，就是不与世俗同流合污。

（台下大笑）

师：你要出家？

生：不不不。

师：你说的意思好像就是要出家。

生：就是要内心"闲适"，自己对得起自己就行。

师：内心"闲适"？

生：对。

师："忙碌"就不想做了？

生：不不不。

师：那怎么办？

生：反正就是，既在做，而且还对国家有益。

师：行了，我明白了。对国家有益就是还要建功立业，是吧？不一定非得在官场，是吧？你看这个天宫二号上天，也是建功立业。封建时代吧，"学而优则仕"，学好了就要当官，那是封建时代，现在不是那时代了。他说"闲适"有用，说得也有道理。所以跟他相同观点的，补充一下，跟他一伙儿的，来，这个女生。

生：大家好！我觉得就是"闲适"的生活对现在的我们更有用。对学生来说，我们现在学习压力也比较大，然后就可以找一些地方放松一下自己的心情。对于大人来说，他们上班也比较忙碌，可以忙里偷闲一下，放松一下自己的心情。

师：说得好啊，合情合理，一点儿也没有矫揉造作的地方。（对着刚才回答问题的男生）她跟你观点相同，她说得比你好。尤其她说的那个"更有"意义，我就同意。因为这就把"闲适"联系生活实际了。你看关汉卿离我们很远，但是他说的东西对我们现在也有意义。有没有说"不要"的？现在不要"闲适"，好，接着来了，（指着一男生）那行，你离得最近。

生：大家好！我觉得自己内心也比较矛盾，因为他们讲的确实挺好，但是我想吧，现在这个社会，还是摆脱不了名利。（全体大笑）所以说呢，"闲适"固然重要，还是名利更重要。谢谢大家！（台下鼓掌大笑）

师：好，敢于发表自己的见解，而且有两个不同意见都说过了，还能坚定地说。这就是学生，这是独立思考。但是他的话有点什么问题呢？前边他俩呢？他也说"对"，然后他说他这个"更重要"。其实这两点正好应该是调和的，该忙就忙，该闲就闲，这才是最好的人生状态。其他同学就不用发言了，也就这么两种意见呗。（台下大笑）但是现在我想拿作家周国平的话给大家做总结。

【PPT】

有的人活得精彩，

有的人活得自在，

活得潇洒者介乎其间，

而非超乎其上。

师："有的人活得精彩"，那就是忙出成绩了。"有的人活得自在"，那就是闲适，很自在。"活得潇洒者介乎其间"，在"精彩""自在"其间，在"忙"和"闲"其间，而非超乎其上。有一首歌叫《潇洒走一回》，你们会这首歌吗？

生：不会。

师：说实在的，我一直没太明白怎么算"潇洒走一回"。现在作家给我们回答了，什么叫潇洒走一回？我概括公式如下——

【PPT】

潇洒活

忙快活＋闲快活

师：潇洒活＝忙快活＋闲快活。这就是潇洒活，同意吗？

生：同意。

【PPT】

少年啊壮志在胸

赋首辞让人感动

师：好了，"少年啊壮志在胸，赋首辞让人感动"。听着没有？自选题，你要写《忙快活》也行，《闲快活》也行，得写个长短句。你要有本事你就在课堂上写两首，既《忙快活》又《闲快活》也行。

【PPT】

自选题作长短句

《忙快活》

《闲快活》

师：格式是什么呢？由我来定，我写了一首《忙快活》，你们看着，按我这个格式。

【PPT】

银鹰舞，铁龙歌，

九州杏坛绿色播。

授课频频讲座多，

精神不让老廉颇。

忙快活！

师：银鹰舞，铁龙歌，九州杏坛绿色播。授课频频讲座多，精神不让老廉颇。忙快活！

（全体鼓掌）

银鹰舞：乘飞机；铁龙歌：乘高铁；九州杏坛绿色播：讲我的"绿色语文"；授课频频讲座多，不用解释；精神不让老廉颇。廉颇知道吗？"廉颇老矣，尚能饭否？"我现在比廉颇的精神头一点儿也不差。所以我忙快活！那么我这个格式呢，就是这样的：

【PPT】

长短句格式

★★★（3）

★★★（3）

★★★★★★★（7）

★★★★★★★（7）

★★★★★★★（7）

（忙或闲）快活（3）

师：3、3、7、7、7、3，你必须按我这个格式，第一句3，第二句3，然后呢，7、7、7、3。押韵呢？涂红的那个地方。第二句最后一个字必须押韵，押什么韵呢？忙快活的"活"，押这个韵。然后第三句也得押"活"的韵。第四句可押可不押，要是找不着感觉不押也行。第五句必须押。结尾"活"我已经给你们押出来了，听明白了吗？现在你写你的，就不要模仿我这个，要模仿这个格式和韵脚，写出一个学生的忙快活或闲快活，懂吗？你们这个教材后面正好有一块空白，在这儿写，现在就写，不用署名，因为一会儿我要讲评。所以谁也别写名，我就要你写的东西，然后讲评的时候，万一批评到你了，大伙嘲笑，谁也不知道是你的，你就跟大伙一块儿笑呗，对不对？（台下大笑）现在就开始，我掐表。

（生写作）

师：老师们，你们有两个选择：一，去方便；二，你也写一首。千万别说话，谁要勇敢愿意献上来，最后我也读几首。

（教师开始点评）

大家的作品不能都讲评，因为时间有限。这要是在家上课，咱们就讲一堂，挨个儿都评。但是我讲的时候，你就得用心听，这里用得上《论语》那句话，叫"见贤"——

生：思齐焉。

师："见不贤"——

生：而内自省也。

师：对，而内自省也。我评谁的，比如不好了，你就在那儿问"谁的谁的"，那太没劲了。所以我不署名，就因为这个。这样的话，我讲评他的就等于讲评了你的，懂吗？好了，我现在开始讲评。

"回家后，写作业。"是不是这里要押韵啊？红的要押韵，"作业"的"业"能跟"活"押韵吗？掉链子了。"回家后，写作业，晚上熬到半夜。"123456，这句要七个字，他还丢一个字，唉！这同学。"若是实在不会做，那就只能蒙着做。"（台下大笑）完了结论是"忙快活"。我说你这么忙还快活？"不会做，蒙着做"，这里还押上韵了，前头都不押韵。这同学平时啊，诗歌学得不怎么样。都不会押韵，还不会审题。你自己知道，这不及格。（台下大笑）

"作业多，作业多。"他来个反复啊，那也允许，都是三个字，还押韵，允许他反复。"作业多，作业多，学生日子不好过。考试前夕天天熬，就怕最后考砸锅，忙快活！！！！！！！！！！"接着十个感叹号。（台下大笑）押韵挺好，节奏也不错，什么不对呀？

生：感情。

师：感情啊！你不叫"忙快活"吗？你现在说"天天熬"啊，最后还"怕考砸锅"，你的做法本身好像不怎么快活，懂吗？你虽然说忙快活，但是

191

实际的过程并不是那么的快活，有点说假话的嫌疑。

再看这个："做作业，刷题海。"完了，"海"字不押韵。"晚上熬到十二点，白天又听老师讲。汲取知识真开心，忙快活！"剩下几句该押韵的也不押韵呀。有的人为什么能押韵？就是他学诗歌的时候，就注意这个事儿了，这不是什么理论问题，你读诗时总强化那个韵脚，那个押韵的本事自然就有了。

"疯六年"，"发疯"的"疯"，意思是初中三年加高中三年，疯六年，我刚才请教了，他告诉我的。"疯六年，作业多，天天上课光忙活。预习复习加上课，成绩不好好难过，忙快活！"（台下大笑）你看，你都"难过了"怎么还"快活"呢？看来是言不由衷啊！今天借这个机会好好发泄一通。语言挺好，押韵挺好，节奏也不错，就是不扣主题。

看看这个，"语数英，作业多，公式经文全背过。周六忙来听讲座，周日继续学新课，忙快活！"（全体大笑）（师指着学生）你们咋都不鼓掌呢？

（生齐鼓掌）

师：这个人马上结合现实了，这是谁的？站起来。（该生起立）给他鼓掌，再鼓一次。

（生一起热烈鼓掌）

师：人家一点儿也没有抱怨的意思，对不对？你们周六来听讲座，我真得表扬你们一句。今天课上得这么顺，就因为：一，我是最爱"教"语文的；二，你们是最爱"学"语文的。（台下鼓掌）所以咱们这课就上好了。你看这个同学说得多好，非常好！

还有一篇更具体了。"酒店里，上着课。"第二句押韵了吧？"酒店里，上着课，礼堂课上真的热。秋风萧瑟我们乐，一节语文收获多。忙快活！"（全体鼓掌）来，请这位同学站起来，大家再鼓一次掌。（该生起立，大家鼓掌）请坐。这就是我说的"绿色作文"，懂吗？真情实感。你看刚才那些也是真情实感，但是文不对题，你在有意无意地说假话。

看这个——"天上飞，地上跑。"哎呀，这跟我的差不多啊。"我想飞天上九霄"，这比我还厉害呢。"可惜还得写作业，不如上天写作业，忙快活！"咱们一般说"上天"是啥意思？跟那个航天员不一样，那"上天"就完蛋了（台下大笑），又不押韵，就跟着发牢骚。

"去学堂，学雅博，讲义教材摆满桌。讲桌讲义无怨言，唯恐将来不好过，忙快活！"（台下鼓掌大笑）别说，这个有点儿意思。"去学堂，学雅博"，北大有个"博雅塔"，他把"博雅"颠倒过来了，说明他懂押韵。博和雅并列的，可以颠倒，这个同学挺聪明。"讲义教材摆满桌"，这就是我们学的东西多吧，然后呢，"讲桌讲义无怨言"，拟人了，讲座讲义没埋怨，没生气，没在那抱怨，"唯恐将来不好过"，就是怕将来没法生活呗，所以现在努力学习，最后"忙快活"，这个也不错。这是谁的？站起来，（该生起立）给他鼓掌。（生齐鼓掌）

有一个同学写两篇，我把他的读一下，这是最后一个。《闲快活》——"轻灵中，氤氲里，树间漫步真轻松。谁到乡间穷苦愁，今秋天泽硕果丰，闲快活！"没押韵呀，又"漫步"啊，又是"硕果"什么的，"氤氲"什么都行，但是没押韵，大体也算闲快活。《忙快活》——"飞龙间，旅途中，无边美景惹人爱。时踏海边时登山，快门咔咔真累手，忙快活！"一，不押韵，二，刚才那个同学写的是"忙"快活，其实很痛苦，这个同学写的是"忙"快活，其实是"闲"快活。我再念一遍听听，"飞龙间，旅途中"，旅游去了。"无边美景惹人爱"，观赏去了。"时踏海边时登山"，登山临海。"快门咔咔真累手"，你照相你还算"忙"快活呀？是"闲"快活！跑题。

行了，不能读了，马上到时间了，我得做总结。

【PPT】

讲评

自编长短句

《乐活三章》

银鹰舞，铁龙歌，九州杏坛绿色播。
授课频频讲座多，精神不让老廉颇。
忙快活！

海南岛，北戴河，面朝大海笑呵呵。
美食三餐行万步，口琴常吹少年歌。
闲快活！

193

人生短，歧路多，痴情母语乐琢磨。

忙得精彩闲得美，劳逸相得妙难说。

潇洒活！

师：来，看看我的《乐活三章》。刚才读了"银鹰舞，铁龙歌，九州杏坛绿色播。授课频频讲座多，精神不让老廉颇。忙快活！"

下面还有两章。"海南岛，北戴河，面朝大海笑呵呵。美食三餐行万步，口琴常吹少年歌。闲快活！"（台下鼓掌）怎么样？我冬天在海南岛度假一个月，夏天在北戴河度假半个月，"面朝大海"，下面接——"春暖花开"嘛，对吧？我能不"笑呵呵"吗？然后"美食三餐"，每天三顿可口的饭，每日要"行万步"，因为我有糖尿病，我行万步就等于"遛糖"了。"口琴常吹少年歌"，我唯一会的乐器就是口琴，我吹的那口琴还是不错的。我常吹的"少年歌"你们都会，比如说《让我们荡起双桨》《花儿与少年》，但现在不能吹了啊。最后："人生短，歧路多，痴情母语乐琢磨。忙得精彩闲得美，劳逸相得妙难说。潇洒活！"（全体热烈鼓掌）"人生短，歧路多"，我们人生的道路很多，但是我们要选择一个最适合你的、你最喜欢的，我就是"痴情母语"爱教语文。然后"忙得精彩"，我讲座那么多，精彩；"闲得美"，我休闲得那么好。"劳逸相得妙难说，潇洒活！"

好了。有这么一个说法：十六岁叫花季，十七岁叫雨季，十八岁叫诗季，你们现在十四五岁叫什么季呢？一个字儿形容，也是现在最流行的一个词儿了，最合适了。叫什么季？随便说。

生：旺季。

师：旺季？别的年龄不旺啊？十八不旺啊？现在最流行的。

生：浪季。（台下大笑）

师："浪"啊？那有时候是贬义词。什么？现在很流行的很可爱的一个词。

生：萌季。

师：对了，"萌"季呀！十六岁花季，十七岁雨季，十八岁诗季，十五岁萌季！

什么叫萌季？

【PPT】

萌季

1. 发芽。2. 动漫术语，有可爱、欣赏、狂热等义。

"萌萌哒"

师：本来是"发芽"的意思，后来动漫术语也有"可爱的""欣赏的""狂热的"等义，比如"萌萌哒"。

【PPT】

萌季：爱上诗

花季：欣赏诗

雨季：创作诗

诗季：享受诗

终身：伴随诗

师：好了，萌季：爱上诗；花季：欣赏诗；雨季：创作诗；诗季：享受诗；终身：伴随诗。因为"人类的本质就是诗意地栖居在大地上"——德国哲学家海德格尔的名言。

下课！同学们再见！

生（起立鞠躬）：老师再见！

师：谢谢你们！

生（面向台下）：谢谢老师，老师再见！

· 听课回响 ·

诗书丛里且淹留

河北省保定市徐水区教研室　马连成

济南，老车站，金色大厅。

68岁的赵谦翔，发近全白，但身板笔挺，瘦削精干，暗红衬衫。台下，

195

七百人齐仰望，屏气敛神，静待一睹先生的"绿色语文"。一声"上课"，底气充沛，响震全场。

PPT投影，一首元曲小令关汉卿的《南吕·四块玉·闲适》，出自语文教材北京版八年级下册。

社会黑暗，知识分子或沉抑下僚，或志不得伸，沉默而不敢言，越趄而不敢进，一旦参破，那"车尘马足，蚁穴蜂衙"怎比"天地一壶宽又阔"的世界。他们的旷达，是出离疼痛和愤怒而生的旷达，是诗歌压抑已久的畅快歌唱，"闲中自有闲中乐"，他们超越苟且，将普通平凡的字词，以新鲜的组合，变得别有韵味。诗中的闲适，是如歌的行板，更是沧海一声笑。

这样的散曲怎么讲？赵老师的课堂设计并不追逐时尚、故弄玄虚，而是朴实明了，开宗明义，把课堂分作两部分，直接交待给学生：鉴赏诗歌后，"赋首辞让人感动"，学习任务简单而明确。因为有模仿创作的任务，学生读得认真，学得仔细。而阅读部分也清晰简洁，共四步：读准字音，读响韵脚，读出节奏，读懂诗义（释义诵读）。每一遍诵读，教师都要针对性点拨，点拨后再尝试。学生的诵读水平一点点提升，诗义理解逐步深入。教师点拨、引领、拓展，一步步让学生从对文体的认知、语言的表面含义的学习，进入诗人思想情感的理解，进入"韵味"的体会、品鉴。

或许，唯有简单的课堂结构，方能引导学生的目光和思考更专注于诗歌凝练的文字所传达的喜怒哀乐、嬉笑怒骂，以及参透荣辱、骋怀天地的畅快淋漓，专注于诗句用语之妙和叠句成诗后的美妙韵律。

"绿色语文"不教条。课堂的设计与实施，自觉克服教条化的死板，洋溢着生命的、生活的旺盛生机。读节奏，自然联系《声律启蒙》；讲古诗，他的课堂用语却不乏流行。从春晚许嵩、孙涛的流行歌曲讲起，讲到宅男宅女、架子鼓，讲到AA制，讲到萌，讲到任性，讲到追星、粉丝、超女，还有网络流行语等等。环节丝丝入扣，推进若行云流水，丰富而开阔，学生思维"悦动"。课堂学习任务目标出示也自然而巧妙，从春晚的歌曲开始，读童声《对韵歌》点出诗歌的对偶和押韵。为了避免对"闲适"理解出现偏差，赵老师举出宅男宅女的"闲适"做对比，诗人的宇宙境界自明。道而弗牵，开而弗达，恰当自然，毫不做作，绝不生硬，现场的笑声是适度的，是轻松的，是发自内心的，学生更是在趣味中会意、沉浸、兴奋、豁然开朗。

"绿色语文"不功利。赵老师在语文教学目标的设定上，自觉克服功利性短视，望向远方。课堂上，点评歌词"苦读百卷经史，不止为功名之资"，意在批判应试教育；解说"多久没有提笔"，感叹当今语文学习的遗憾。文化本有传统，母语本有传承，对母语的情感是学好语文的永恒动力。"读书切戒在慌忙，涵泳工夫兴味长！"赵老师的课堂，如拨开一帘又一帘幕帐，让人在一个又一个未知新奇的世界看到了熟悉的环境，别样的人生，高广的天地。

"绿色语文"不空泛。其生命力体现在对课程标准的全面理解和落实，课堂里有文字、有文章、有文化，有吸纳、有鉴赏、有表达，有动口、有动脑、有动手，一步步带领学生走进一个古典的场景，触摸历史，沉浸于古代文人心灵世界，闻到诗词情感的芬芳。因为赵老师"肚里有货"，大量诗文、哲学阅读，把赋诗记事、赋诗言志变为常态，比如周国平的"闲暇"语句，才会信手拈来，推进课堂，将理解引向深入，拓展了思维的空间。比起课堂的形式，赵老师更在意内容，在意教什么，而超越了怎么教的表面热闹，如大侠和高手，拳路化于无形。

一首古意小令，穿透七百年时光，在一群少年的诵读声里变幻蒸腾，色彩浓烈，而现场的人都沉浸于赵老师行云流水的讲述、引申、会意，在绚烂的霞光里仔细品味。每一个文字，仿佛都飘散起酒香。

课堂上一直激情洋溢的赵老师，瘦削的身体中仿佛有取之无尽用之不竭的能量，有诙谐的打趣，自嘲的幽默，有郑重其事的评价，认真的校正，更有自己的诗作抒怀，一个月23场报告的忙碌，真勇猛精进，快意人生！忙碌传播"绿色语文"的赵老师，让自己永远年轻。

一事能狂便少年，信矣！68岁，绿色语文，诗意人生！

人文高端论坛已是第八届，我带领一众年轻语文教师，参与了这样的人文的故事，庆幸结缘于陶继新，结缘于一座酒店，结缘于一群有情怀的教育人，结缘于一个共同的理念。我们这些语文人、教育人徘徊于狭隘天地的踟蹰步履，挤压于利名的沉重心灵，将从此释放吧。

山东集硕儒，四方来朝会。期待下一次的盛宴！

语文原来是绿色

山东省滕州市龙阳镇中心学校　陈秀君

去岁冬月，笔者有幸在山东济南听了著名特级教师赵谦翔执教的散曲《四块玉·闲适》。赵老师用激情四溢的诗人气质，以风趣幽默的哲理语言，给我们展示了一节典范的"绿色语文"。"听君一堂课，胜读十年书"，二十余年的语文教学生涯一晃而过，蓦然回首，"绿色语文"就在灯火阑珊处。

一声响亮的"同学们好"之后，学生齐诵班级口号"阳光一班，乐观向上，严谨守则，共创辉煌"，赵老师不失时机地说："今天'绿色语文'有阳光照耀那肯定没问题。"于是，这节"绿色语文课"就在和谐愉悦的气氛中拉开了序幕，我的思想感情的野马也随着赵老师的引领，在绿色的草原上纵横驰骋。

这节课"绿"在"以真为纲"。赵老师用孙涛、许嵩在去年元宵节晚会上唱的对韵歌《书香年华》导入新课，"少年啊壮志在胸，赋首辞让人感动，借一场古典的梦，与东坡热情相拥……"激发了学生读文写文的热情。"苦读百卷经史，不止为功名之资，学问里自有传承和坚持……"寄寓了当今语文教学对人文教育的渴望。赵老师一开课就"绿化"了学生和听课老师的精神世界，在这堂语文教学的绿波里，我徜徉着、陶醉着、思索着……赵老师倡导的"绿色语文"就是返璞归真，把语文真正当作"语文"来教，这种求真务实的无功利的绿色教育旨在培养学生的人文素养，能使语文的"工具性"和"人文性"有机地结合在一起。

这节课绿在"以人为本"。赵老师在讲解诗文前，先让学生"含英咀华"地读，读响韵脚、读出节奏、读出平仄、读出意境，培养学生诵读诗文的语感，让学生从感情上爱上文本。他生动、诙谐的东北腔把在场的老师和学生都吸引住了，那和蔼可亲的教态，那平易近人的语言，不像是讲课，而像是和朋友讨论话题。一节古诗文课，他上得生动、活泼又不失内涵，咬文嚼字、出口成章，信手赋诗、深入浅出，旁征博引、娓娓道来。关汉卿的这篇《四块玉》在赵老师的解读下绿意更浓，俨然变成了四块"活玉"，温润着在场的每一位师生。赵老师说："简洁就是美，啰嗦就烦人。"从首曲的"任性生存"、次曲的"饮酒赋诗"，到三曲的"摆脱名利"、四曲的"与世无争"，赵老师对《四块玉》主题内容的概括提炼过程就是锤章炼句的过程，"语不惊人死不休"。整节课气氛民主和谐，师生轻松愉快地与文本对话，师生之间、学生之间的思想和情感进行毫无顾忌地碰撞、交流、共振，最后达到默契和共鸣。在这充满绿色的语文世界里，我们感受到了勃勃的生机，青春和生命在绿色课堂上飞扬，绿色盈目，绿溢心田。

这节课绿在"以情为魂"。"银鹰舞，铁笼歌，九州杏坛绿色播。授课频频讲座多，精神不让老廉颇。忙快活！"这是赵老师的下水文，更是对赵老师倾情于"绿色语文"教学并为之呕心沥血、鞠躬尽瘁的真实写照。这里饱含着赵老师对中华民族母语一往情深、地久天长的钟情，诠释着赵老师的博爱之心。这"深情"，这"爱心"化作缕缕春风，吹绿了九州杏坛，吹绿了语文课堂，成就了莘莘学子的诗意人生。赵老师说"潇洒活＝忙快活＋闲快活"，于是潇洒的赵老师让学生用固定格式，以忙（闲）快活为结尾，押"活"韵写长短句。一位女生的练笔受到了赵老师的赞赏："酒店里，上着课，礼堂课上真的热。秋风萧瑟我们乐，一节语文收获多。忙快活！"这位学生抓住了主题，写出了真情实感。正如赵老师所说，这就是"绿色作文"，就是有真情的作文，而真情不正是"绿色语文"的灵魂吗？

沉浸在这堂语文教学的绿波里，我激情洋溢，也即兴写了几句以表达对赵老师的仰慕之情："休息少，工作多，杏坛一生勤耕作。诗意课堂有执着，'绿色语文'结硕果。忙快活！"

·课堂实录·

《伟大的悲剧》课堂教学实录
执教：孙鸿飞

一、课前交流

师：认真仔细地听，清晰洪亮地说，是我们语文课的基本要求。请一位同学清晰洪亮地为我们领读一下屏幕上的词语。

【PPT】

千辛万苦　风餐露宿　坚持不懈
荒无人迹　疲惫不堪　热情高涨
履行　不禁　战栗　敬畏
禁卫　冰凌　拽出　粘住
吞噬　销蚀　毁灭　鲁莽
遗孀　厄运

（学生读词语，教师订正读音：冰凌、粘住、吞噬）

师：请全体同学用清晰洪亮的声音再来齐读一遍词语。

（学生齐读词语）

师：认真仔细地听，清晰洪亮地说，明确我们语文课的基本要求。希望这节课上我们保持这样的状态。上课！

（师生问好，学生课前口号）

师：清晰、洪亮、自信、昂扬。请坐。

二、导入

师：本文节选自茨威格《人类群星闪耀时》第九章《斯科特——争夺南极之战》，书中开篇这样写道：

（教师手持《人类群星闪耀时》一书，配合多媒体画面朗读：渲染气氛，激发兴趣，介绍背景，强化探寻南极点的价值和意义，推荐书籍，进入课文主体）

【PPT】

这个世界在20世纪的视野里几乎没有秘密，人们被探索的意志推动着找寻新的方向。几万年以来，极点作为抽象的轴线帮助地球旋转着，它们几乎没有生命存在。探寻地球的真面目，个人勇气和国家间的竞争掺杂在一起，人类竞相将自己国家的国旗第一个插在这块新领域上，以赢得国家的荣誉，民族的尊严，体现个体的价值和理想。这是伟大的时刻，阿蒙森代表挪威，斯科特海军上校代表当时世界实力最强大的英国，向着南极进发！

我们伟大的、悲剧的故事就从这里开始！

三、两大主体板块——失败之悲（悲中壮），死亡之悲（壮中悲）

（一）失败之悲

师：首先让我们随着屏幕上的图片，一起回到1912年，那104年前的清晨。请一位同学用简洁的语言为我们讲述一下图片中发生的故事。（指一生）请，谢谢你。

生：这个图片上呈现的是第一个来到南极点的国家挪威，他们已经插上了国旗，而斯科特带领的英国寻找南极点的队伍第二个到达南极点，而且从斯科特的表现可以看出，他们已经非常失望了，因为他没有取得第一。

201

师：感谢你的讲述，记叙的要素十分完整，而且详细生动。是的，尽管一样到达了南极点，英国的斯科特队却比挪威阿蒙森队晚了33天。在这场国家和个人的南极争夺战中，斯科特失败了，失败的阴影浓重地笼罩在斯科特一行人的心灵上空。

师：（指一生）请你清晰洪亮地读这一段话：

【PPT】

历尽千辛万苦，无尽的痛苦烦恼，风餐露宿——这一切究竟为了什么？还不是为了这些梦想，可现在这些梦想全完了。

（学生清晰洪亮地读）

师：感谢你，融入了自己的感情。这是一篇斯科特上校当晚的日记。请你体会斯科特的心情，揣摩他的心理，用斯科特的口吻充满情感地再来读一下这段话。

（学生充满情感地朗读）

师：好的，文字渐渐有了温度，有了生命。我们只有这样来读文章，才能走进文章，走进人物内心。我想请问一下，你体会斯科特说这段话的时候，内心是一种怎样的感受，说一说。

生：我感觉斯科特十分失望，甚至绝望。他的梦想全部破碎了。

师：是的，第一个登上南极点，发现地球最后一片未知地，不仅是国家间的竞争，也是斯科特等人的人生理想。为了这一理想，斯科特变卖了家产，离开了妻儿，一行人近两年的努力，冒风雪，登冰原，终于在这个清晨，接近了极点。胜利就在眼前，这是多么欢欣鼓舞、激动人心的时刻。读懂了这一时刻，我们就更能体会斯科特等人内心的痛苦。

师：（指一生）请你清晰洪亮地为我们读这一时刻。

【PPT】

焦急的心情把他们早早地从自己的睡袋中拽了出来。到中午，这五个坚持不懈的人已走了14公里。他们热情高涨地行走在荒无人迹的白色雪原上，因为现在再也不可能达不到目的地了，为人类所作的决定性的业绩几乎已经完成。

师：就在这天清晨，就在梦想即将实现的清晨，同时，也是梦想即将破碎的清晨，斯科特一行人热情高涨地行走在白色雪原上。让我们走近一些，想象一下，我们似乎可以看到他们神情面容、身影动作，甚至可以听到他们热情高涨的言语交流。你看到了吗？你听到了吗？你能不能把你看到的神态、动作或者语言为我们描述一下？

【PPT】

他们热情高涨地行走在荒无人迹的白色雪原上。

师：（指一生）你看到了吗？

生：我看到斯科特一行五人在雪原上奔跑、跳跃着，他们的脸上洋溢着快乐的笑容，嘴里喊着："太好了，我们终于到达南极点了，可以为祖国和个人争得荣誉了。"

师：面带笑容，洋溢快乐，这就是热情高涨的画面。你看到了吗？

生：我仿佛看到了他们相互交谈着，脸上呈现出高兴的笑容，而且急速前行，用最快的速度跑向极点，他们心中充满了喜悦。

师：急速前行，奔赴极点，这就是热情高涨。我们似乎还听得到他们热情高涨的交流，你听到了么？刚才的这位同学已经听到了，还有谁听到了？

（生纷纷举手）

师：（指几名举手学生）你就是斯科特，你就是威尔逊，你就是鲍尔斯，你就是埃文斯，我就是奥茨。

师：队长，前面就是极点了！

生1：（兴奋地）嘿，朋友们，我们终于到达了，我们成功了！

生2：（高兴地）马上就要到极点了，我们终于可以完成自己的人生梦想了！

生3：（深沉地）这几个月我们的辛苦付出都没有白费呀！

生4：（激动地）快了么，这是真的吗？

师：（热情地）朋友们，冲呀！

师：这就是热情高涨，互相鼓励，热切期望，这就是热情高涨的语言，这就是热情高涨的画面，每个人心中的都坚信——

（学生齐读）

【PPT】

为人类所作的决定性的业绩几乎已经完成。

师：本以为志在必得，本以为信心满满，本以为可以第一个揭开地球的未知秘密，本以为可以实现人生的价值和理想。可是，多么遗憾的"本以为"呀！胜利化成幻影，失败已成事实，挪威国旗耀武扬威地在那里猎猎作响。心中越是憧憬、自信，面对现实就越痛苦、悲伤、绝望。

师：让我们带着这种理解再读一读斯科特的这段日记吧。

（学生饱含感情地读）

【PPT】

历尽千辛万苦，无尽的痛苦烦恼，风餐露宿——这一切究竟为了什么？还不是为了这些梦想，可现在这些梦想全完了。

师：国家重托不复存在，个人梦想破碎飘零。同学们，这就是悲剧，悲剧就是美的破碎。而更有戏剧性的是，斯科特一行人还面临着一项"冷酷无情"的任务。

师：（指一生）请你清晰、缓慢地给我们大家读一读这句话。

【PPT】

斯科特接受了这项任务，他要忠实地去履行这一最冷酷无情的职责：在世界面前为另一个完成的业绩作证，而这一事业正是他自己所热烈追求的。

（学生清晰缓慢地读）

师：你能告诉我们，斯科特等人面对的任务是什么？

生：为第一个发现南极点的国家作证。

生：（补充说）为挪威的哈康国王送信，并向世界证明挪威人是第一个发现南极点的人。

师：为胜利者挪威人作证他们是第一个到达南极点的，这一任务连作者茨威格都认为这太过苛刻，太过冷漠，他称这项任务为"冷酷无情"，而且是"最冷酷无情"。你能理解为什么这项任务对于斯科特等人来说是"最冷酷无情"的吗？

生1：第一个成功者不是斯科特等人，而他们还必须为第一个成功者去见证他们的成功，这对第二名来说是非常残酷的。

师：我的眼角还有泪，我的心还在滴着血，失败还要为他人作证，无异于伤口撒盐。

生2：他们之前认为自己就要成功了，而这个成功却被别的国家夺走，竟还要自己给他们作证，是他们胜利了，这实在是冷酷无情的。

师：太过冷漠，太过苛刻，失败之痛，作证之痛，痛上加痛！而斯科特等人的选择是什么？

生：忠实履行。

师：你能理解面对如此"冷酷无情"的任务，斯科特等人选择的"忠实履行"的行为吗？

生1：我能理解。斯科特等人虽然想第一个到达南极点，但他们也尊敬自己的对手，尊敬对手也是尊敬自己。

师：这是英雄对另一位英雄的敬意和尊重。

生2：他们忠实地履行这一任务，这是对对手的尊重，对对方成功的认可。这是我们中国人所说的君子气概，西方的英雄气概，从这一点中我们也可以看出斯科特等人是英雄。

师：东西方共同的价值理念，诚信是一个人最重要的品质，"人无信不立"，在东方叫"君子风范"，在西方叫"绅士风度"。

生3：我认为他们忠实地去履行，其实是对对手的一种尊重，他们接受了这项任务，没有小人的行为，而是把这种结果真实地告知他们的国王。

师：坦然面对失败，冷静承认事实，不论内心如何痛苦，也要恪守诚信这一做人的根本。美学家朱光潜说：悲剧不仅是带给人们巨大的痛苦，而更重要的是在面对痛苦时，每个人的态度和方式。悲剧的全部力量就在于在艰难的抉择面前，我们的主人公，他们在崇高人格的支配下，毅然选择了人格的崇高！面对揭开世界奥秘的勇士，面对痛苦中毅然选择崇高的英雄，我们每个人又怎能不由衷地发出深沉的赞美之情。请同学们拿起手中的笔，"缀文者情动而辞发"，让我们以斯科特为五人的代表，以"斯科特先生，我理解您……，我敬佩您……"的句式说几句话，表达你对斯科特一行人忠实履行这一冷酷无情的责任的敬意。

（学生写作，教师巡查指导，选取学生优秀作品，并请主动展示的同学一

205

起诵读自己作品，配乐曲《英雄的黎明》）

师：让我们以崇敬的心理和赞美的语气来依次诵读，表达我们的敬意。

生1：斯科特先生，我理解您，您想实现梦想，您想为您的国家争夺荣誉，但您却没有成功。我敬佩您，您那强大的内心世界，强烈的集体主义精神，和坚持到最后一刻的高贵品格，您的英雄气概和绅士风度深深地震撼了我。我敬佩您！

师：真挚的表白。

生2：斯科特先生，我理解您，您满怀希望为自己的国家争得荣誉，虽然不是第一名，但我敬佩您，您具有君子绅士风度，忠实地履行艰巨甚至无情的任务，这才是真正的英雄！

生3：斯科特先生，您为了事业放弃了、付出了那么多，到头来却没有成为第一名，这对您来说是残忍的。斯科特先生，我敬佩您，您多么伟大呀，虽然没有第一个到达南极点，但您用实际行动证明了您对对手的尊重！

生4：斯科特先生，我理解您，您为了自己国家的荣誉，历尽千辛万苦，虽然最终还是晚了一步。我敬佩您，我要向您致敬！

生5：斯科特先生，我理解您，您历尽千辛万苦到达极点，本想为自己的国家争得荣耀，谁知以阿蒙森为首的挪威队却先到达了极点。我敬佩您坚持不懈的精神，您令我深深震撼。

生6：斯科特先生，我理解您失败的难过、痛苦与绝望，我敬佩您给第一个到达南极点的国家去送信、证明事实的勇气！

生7：斯科特先生，我理解您，不是第一个到达南极点，不能为国家争夺荣誉的沮丧心情。我敬佩您，虽然不是发现南极点的第一人，但还是遵守诚信，代表信誉，为别的国家证明。

生8：斯科特先生，我理解您，失败后的痛苦、悲伤，不是第一个到达南极点的绝望。我敬佩您，您有坚持到最后的高尚品质和对对手的尊重心态，您为对手们证明的勇气深深地震撼了我。

生9：斯科特先生，我理解您，理解您即使失败还要坚持送信证明的行为。我敬佩您，敬佩您那直面失败的坚强勇气，敬佩您的绅士风度，您是一位伟大的英雄！

生10：斯科特先生，我理解您失去梦想的痛苦、内心的失望，历尽千辛万苦去做的事情，到头来却被别人抢夺了第一。我敬佩您的诚实，君子风范，绅士行为。

生11：斯科特先生，我理解您梦想破灭时的痛苦绝望，为他人证明时的忍辱负重。我敬佩您，您勇敢地为对手证明他们的成功，拥有最高尚的君子气概！

生12：斯科特先生，我理解您，您一切的所做所为是为了自己，也是为了国家，尽管失败了，但是在精神上永不言败。我敬佩您，您高尚的人格，不管是在怎样的情况下，您都能坚持自己的信念。

（师生动情合作朗读）

【PPT】
这不再是一场极点的角逐和竞争
而是在困境中对人性崇高的选择
他们在痛苦的失败面前
在崇高人格的支配下
毅然选择了崇高！
致敬！
探险南极的勇士！
致敬！
虽败犹荣的英雄！

（学生激动齐读两遍）

（二）死亡之悲

师：谢谢同学们。探索南极点，是人类探索史上的壮举，而面对痛苦坦然高贵的人生态度更彰显了斯科特等人的英雄本色。我们向五位探险英雄表达我们的崇高敬意，同时，也表达了我们最深切的悼念。

归程中，风雪淹没了埃文斯，吞噬了奥茨，余下三人也最终覆盖在南极的冰雪之中。为人类探险的五位英雄以痛苦的心情返程，以死亡的结局结束，实可谓是悲上之悲。让我们一起来走近英雄们生命的最后时刻！

请一位同学深情地为我们朗读这一段。

【PPT】

奥茨突然站起身来，对朋友们说："我要到外边去走走，可能要多呆一些时候。"其余的人不禁战栗起来。谁都知道，在这种天气下到外面去走一圈意味着什么。但是谁也不敢说一句阻拦他的话，也没有一个人敢伸出手去向他握别。他们大家只是怀着敬畏的心情感觉到：劳伦斯·奥茨——这个英国皇家禁卫军的骑兵上尉正像一个英雄似的向死神走去。

师：感谢你的深情朗读。是的，就是这个奥茨，就是这个用冻掉了脚趾的脚板行走了几天的奥茨，就是这个已经向威尔逊要十几片吗啡随时准备结束自己的奥茨，就是这个已经一再要求大家把自己的命运同他们分开的奥茨，在这种天气下要到外面去走走。到外面，这种天气，让我们看看外面的天气，请大家在6—11自然段，找出关于天气描写的句子，看看外面是什么样的天气，读一读，说一说。

生：大家看第10自然段，"清早起来，他们朝外一看，外面是狂吼怒号的暴风雪"，从这句话中我知道外面的雪是十分大的，在这种天气下出去十分危险。

师：是的，不仅大雪纷飞，而且奇寒无比。南极洲平均海拔两千多米，而高出海平面的部分几乎全部被冰雪所覆盖。

生：请同学们看第7自然段，"这里的自然界是冷酷无情的，千万年来积聚的力量能使它像精灵似的召唤来寒冷、冰冻、飞雪、风暴，使用这一切足以毁灭人的法术来对付这五个鲁莽大胆的勇敢者"，我从这里可以看出天气十分严寒。

生：我找到的这个句子在第6自然段，"天气变得愈来愈恶劣，寒季比平常来得更早。他们鞋底下的白雪由软变硬，结成厚厚的冰凌，踩上去就像踩在三角钉上一样，每走一步都要粘住鞋。刺骨的寒冷吞噬着他们已经疲惫不堪的躯体"，从这句可以看出，白雪已结成冰凌，十分扎脚，好像三角钉一样，他们的脚都已经冻坏了。

师：如此恶劣的天气，能不能用你们想到的一个四字词语来描述这种天气。

生1：狂风怒吼。

生2：天寒地冻。

生3：风雪交加。

生4：千里冰封。

师：万里雪飘、雪窖冰天，就是这种天气，而且经年累月、茫茫无边、奇寒无比、风夹冰雪。五个人此时饥寒交迫，精疲力竭。这种天气，走到外面意味着什么？

生：意味着他不想拖累自己的伙伴，想了结自己的生命。

师：直接告诉我，意味着什么？

生：意味着死亡。

师：求取生存、畏惧死亡是所有生物的本能。而奥茨为什么主动选择走向死亡？

生：因为他们的食物和燃料都已经不够了，他为了让自己的队友活下去，他自己主动面对死亡。

师：和前面同学英雄所见略同。他把生存的希望留给同伴，把必死的结果留给了自己。高贵而崇高，悲壮而伟大！

而在生命的最后一刻，奥茨只是突然站起身来，对朋友们说：

【PPT】

我要到外边去走走，可能要多呆一些时候。

生（读）：我要到外边去走走，可能要多呆一些时候。

师：此时，他可以选择对朋友们说轰轰烈烈的豪言壮语——

生：朋友们，永别了，我们来生再见！我们来世再见！

生：啊，朋友们，为了不连累你们，我就要走了。再见了，我的朋友们！

师：不仅轰轰烈烈，而且情意绵绵。但没有轰轰烈烈，没有豪言壮语，没有情意浓浓，没有生死离别。奥茨只是突然站起身来，对朋友们说——

生（齐读）：我要到外边去走走，可能要多呆一些时候。

师：内心决绝却语句平淡，抱必死之心而语气轻松。你能理解奥茨为什么这样说吗？

生：奥茨不想让同伴们感到伤心，他让他们都活下去。

师：不仅把生的机会留给了别人，还要顾忌别人内心的感受。

209

生：因为伙伴们都已经很痛苦了，失败的痛苦，还有队友们死亡的痛苦，他不想让队友们因为他的死而更加痛苦。

师：把生命置于身后，把必死的结果留给自己，这是人性的高贵，而此时还要顾及别人的感受，这更是人性的纯美。其实不仅我们懂得，斯科特等人也懂得。

（音乐起）

【PPT】

我们明白，这是一个勇敢的人和一个英国绅士的英勇之举。

他的骑兵团将因他迎接死亡的无畏方式而引以为荣，我们能够体验到他的英勇无畏。

他是英勇之魂。

——摘自斯科特日记

师：奥茨一步步地走出了帐篷，走向了狂风怒号，茫茫天地之中。他回望帐篷，他可能会想到——

生：他可能会想到他的队友们，心中充满了不舍。

师：奥茨一步步地走出了帐篷，走向了抚摸着一切又放弃一切的大自然，他眺望南极极点的方向，他可能会想到——

生：他可能会想到他和同伴们一起奔赴极点时的兴奋和美好时光，还有他们去南极点路途中的艰辛。

师：奥茨一步步地走出了帐篷，走向了既造就了人类又收罗一切的大自然，他的思绪回到了遥远的家乡，他想到了自己的妻子和可爱的孩子。

师：奥茨就这样一步步走出帐篷，走向了死亡，他把生的希望留给队友，把死的结果留给了自己。他走得高贵而又惨烈，伟大而又悲壮！让我们充满敬意地一起来读一读。

【PPT】

大家只是怀着敬畏的心情感觉到：劳伦斯·奥茨——这个英国皇家禁卫军的骑兵上尉正像一个英雄似的向死神走去。

师：英雄们一步一步地走向死亡，强健的埃文斯、乐观的鲍尔斯、敬业的威尔逊、英勇的奥茨和他们的队长斯科特，他们有年迈的双亲、天使般可爱的孩子、亲密的爱人。斯科特在这次探险前，拿出自己的财产，吻别了刚出生的孩子，离开了年轻的妻子。为了理想，他踏上南极，而此时却一去不返。在生命的最后一刻，他把最珍贵的日记留给了她的妻子。

（音乐起）

【PPT】

最后一篇日记是他用已经冻伤的手指哆哆嗦嗦写下的愿望："请把这本日记送到我的妻子手中！"但他随后又悲伤地、坚决地划去了"我的妻子"这几个字，在它们上面补写了可怕的"我的遗孀"。

注：遗孀即死了丈夫的女人

（教师饱含深情地朗读）

师：同学们，你能理解斯科特为什么把"我的妻子"改写成"我的遗孀"吧？

生1：因为他自己已经意识到，他自己就要死了。

生2：把"妻子"写成"遗孀"，"遗孀"是指死了丈夫的女人。写"我的妻子"时，斯科特还活着，而改写成我的"遗孀"，斯科特清醒地知道，他已经没有活下去的希望了。

师：是的，但"我的遗孀"，准确地说，这是个矛盾的说法，"我"还在，"妻子"不可称为"遗孀"，但"我"清楚地知道自己的处境，必死无疑，所以"我"将"我"的妻子称为"我的遗孀"。他和妻子之间，隔着无法避免的死亡！就在这人称变换中，包含着斯科特对于妻子非常复杂的内心情感，你能体会得到么？

生：他对妻子有很深的感情，他意识到自己无法逃脱死亡，所以将称呼改为"我的遗孀"。

师：这就是"憔悴一身在，孀雌忆故雄"的挚爱深深。

生：我感受到这个词语中包含的悲伤，他将再也不能见到自己的妻子了，而他的妻子也只能称为"遗孀"。

师：这就是"双飞难再得，伤我寸心中"的肝肠寸断。

生：他不但是表达无缘再见，他还说他的死是为了国家，为了科学事业，他的死是光荣的。

211

师：给妻儿留下了荣誉。

生：我认为斯科特此时感觉非常对不起妻子和孩子，他的孩子出生后他不能在身边，而以后他再也不能陪孩子长大了。

师：只有细腻的人才能理解善良的心。是啊，因为"我"，"我"的妻子从此失去荫护，从此独自面对风雨。从此不归成万古，空留妻儿怨黄昏，无限的歉疚。所有的深爱、不舍、痛苦、歉意都融在这一词语的变换之中。让我们带着这种理解，深情又心痛地再来读一读这一段吧。

【PPT】

最后一篇日记是他用已经冻伤的手指哆哆嗦嗦写下的愿望："请把这本日记送到我的妻子手中！"但他随后又悲伤地、坚决地划去了"我的妻子"这几个字，在它们上面补写了可怕的"我的遗孀"。

四、悲剧的伟大

师：英雄一个一个走向了死亡。茫茫大地，风雪呼啸，英雄殒命，天地同悲，美好毁灭，美好破碎。这就是悲剧。但你能理解为什么在"悲剧"的前面加上"伟大的"吗？

生1：这种伟大赞美他们团结合作的精神以及对梦想追求的信念。

师：高贵的品质。

生2：他们为国家而牺牲，这种行为很伟大。

生3：我认为他们的精神是永垂不朽的，有句话说"生的伟大，死的光荣"。

生4：我认为他们顽强追求的精神是伟大的。

师：对理想的追求、事业的挚爱、舍己为人的无畏，对亲友的深爱、对诚信的坚守，所有这些，都是人类最高贵、最崇高的品质，最宝贵的财富。美好、伟大的生命被毁灭，这就是悲剧，每个人都感到深深的痛苦，而越让我们感到痛苦就越证明这毁灭的是最美好、最伟大的生命。悲剧不仅带给我们悲伤，更带给我们对美好的憧憬、希望，这就是悲剧的美学价值，这就是悲剧的伟大所在，伟大的悲剧。

【板书：伟大的悲剧】

师：英雄们用他们的成功和失败、青春和生命带领人类探索未知的世界，这才有了我们一步步对世界越来越本质的认识,这才有了我们一步步对未知的世界越来越深入的发现。这个过程有精卫填海一样的坚毅,这个结果有夸父逐日一样的悲壮。

让我们用缓慢沉重的语气重读悲剧,缅怀五位英勇坚毅的壮士。

让我们用赞美敬佩的语气重读伟大,向五位有着崇高精神的英雄们致敬。

(学生反复读题目:伟大的悲剧)

师:英雄殒命,英雄不朽,英国国民全国哀悼,国王跪下来悼念英雄。南极极点被命名为阿蒙森—斯科特站。2002年,英国安妮公主登上南极,悼念斯科特南极探险90周年。被誉为世界上写人物传记最好的作家茨威格亲自为其作传,收入《人类群星闪耀时》。

茨威格在文章中向斯科特及其队友们致敬,他这样赞道——

(学生读)

【PPT】

一个人虽然在同不可战胜的厄运的搏斗中毁灭了自己,但他的心灵却因此变得无比高尚。所有这些在一切时代都是最伟大的悲剧。

师:悲剧的伟大就在这里,悲剧在表现出伟大和崇高的人被摧毁的同时,更表现出无法摧毁的人的伟大和崇高。让我们全体起立,大声齐读,向伟大的、崇高的英雄们致敬。

(全体起立,大声齐读)

【PPT】

一个人虽然在同不可战胜的厄运的搏斗中毁灭了自己,但他的心灵却因此变得无比高尚。所有这些在一切时代都是最伟大的悲剧。

师:谢谢同学们。群星闪耀的时刻,对于整个人类历史发展的影响远远超过我们的想象,甚至能超越时空。

把这几本书送给同学们(送给同学们几本《人类群星闪耀时》),同学们的表现很精彩!

· 听课回响 ·

诗意的生命灵魂　自由的率性道场

黑龙江省哈尔滨市风华中学　王　豪

会场上的主持人在孙老师的课后说了这样一段话："孙鸿飞老师把哈尔滨的冰融化作了趵突泉的水，汩汩地涌入了每一个人心中，浇灌泉城学子的心。"确实，孙鸿飞老师的《伟大的悲剧》是一堂直指灵魂的课，而且这堂课给人的影响是渐进的，是值得反复回味与推敲的，"伟大""悲剧"这两个关键词在本堂课中被孙老师诠释得淋漓尽致，孙老师手握如椽大笔把这节课上得挥洒自如。整节课从环节的设计、主题的定位、教师的评价语以及孙老师自身的个人魅力上都很难挑出毛病。杨钧曾说："凡面目特异者，其道必小。小道数载可成，中庸百年莫尽。"一节有特点的好课尚且需要劳费神思才能评价，而"中庸"的课着实令人难以下笔。孙鸿飞老师为人温润如玉，人亦如其课，在各方面的技术特点都很均衡。下面我仅从三个最让我叹服的角度去欣赏孙老师的课。

一、链锁式的课堂结构（紧凑、严密、清晰）。

孙老师的课堂每一个环节都清晰流畅。如把课前检查字词与让同学简要概括课文故事联系起来，又如引导学生用心理描写来体会文中的"失败之悲"……这样的连贯设计不仅仅环环相扣，而且具有很强的递进关系，学生们可以通过上一环节的内容直接递进到下一环节。这样的手法在此前《台阶》《心中的鹰》等课都有类似技法应用。在环节的选择上，孙老师在课堂中绝不拖沓，内容丰富但却极其精悍，并无冗余的环节可以删减。拿课程的两大主体板块来说，斯科特一行去探索南极点的失败之悲与奥茨之死的死亡之悲之间虽有共通的情愫，但是细细品鉴两个部分，内心情感却截然不同。斯科特一行人历尽千辛万苦，为的就是能成为第一个登上南极点的人，可是当他们到达南极点后，不但面对的是失败，而且还要忠实履行对手给的任务，为阿蒙森一行人第一个到达南极点作证。这其实是悲中壮，虽然失败，但是他们在困境中选择了人性的崇高，所以他们是虽败犹荣的勇士和英雄。而在回返的途中，风雪淹没了埃文斯，吞噬了奥茨，余下三人也相继死亡，这五位英雄不但承担着巨大的精神痛苦，更要面对死亡，这是悲中悲。奥茨像绅士一样默默地消失在风雪中，而队长斯科特最后一篇日记写给了他的遗孀。第二板块的悲剧比第一板块加深一层。茫茫大地，风雪呼啸，英雄殒命，天地同悲。学生在学习过程中对于"伟大"和"悲剧"的理解更加深入了。

二、直指灵魂的课堂主题（跨越国家和民族、具有普适性）。

如果把课程结构比作一节好课的四肢，那主题就是灵魂。悲剧之悲不难感受，而让学生体会到为什么伟大，就是这节课的处理难点。请看孙老师课堂上这样一段与学生的精彩对话：

师：英雄一个一个走向了死亡，茫茫大地，风雪呼啸，英雄殒命，天地同悲，美好毁灭，美好破碎，这就是悲剧。但你能理解为什么在"悲剧"的前面加上"伟大的"吗？

生1：这种伟大赞美他们团结合作的精神以及对梦想追求的信念。

师：高贵的品质。

生2：他们为国家而牺牲，这种行为很伟大。

生3：我认为他们的精神是永垂不朽的，有句话说"生的伟大，死的光荣"。

生4：我认为他们顽强追求的精神是伟大的。

师：对理想的追求、事业的挚爱、舍己为人的无畏、对亲友的深爱、对诚信的坚守，所有这些，都是人类最高贵、最崇高的品质，最宝贵的财富。美好、伟大的生命被毁灭，这就是悲剧，每个人都感到深深的痛苦，而越让我们感到痛苦就越证明这毁灭的是最美好、最伟大的生命。悲剧不仅带给我们悲伤，更带给我们对美好的憧憬、希望，这就是悲剧的美学价值，这就是悲剧的伟大所在，伟大的悲剧。

【板书：伟大的悲剧】

师：英雄们用他们的成功和失败、青春和生命带领人类探索未知的世界，这才有了我们一步步对世界越来越本质的认识，这才有了我们一步步对未知的世界越来越深入的发现，这个过程有精卫填海一样的坚毅，这个结果有夸父逐日一样的悲壮。

只有在悲剧中才能凸显伟大，所以孙老师先讲悲剧，同学们对悲剧深刻理解之后，才能过渡到对于"伟大"的理解，斯科特一行人的伟大之处就体现在他们在极其恶劣的环境中经得起人性的考验。要知道，人性总有两面，人在最极端的时候，兽性就会渐渐显露，而斯科特他们却选择了崇高。作为人类，最伟大的品质就是够坚韧、有勇气。斯科特他们的选择是很艰难的，但无疑是最闪耀的，这体现了人性中最光辉的一面，所以称得上是"伟大"的。孙老师这节课不仅仅讲了悲，更浓墨重彩地讲了伟大，这个主题是很难想到的，更难在短短一堂课上被诠释得淋漓尽致。

三、诗意的评价语、多样且不可替代的教学手法。

孙老师上课的每一句话都精心雕琢，并不随意。在学生用四字词语描述"这种天气"时，孙老师根据学生的回答，字字珠玑。他这样评价道："和前面同学英雄所见略同。他把生存的希望留给同伴，把必死的结果留给了自己。高贵而崇高，悲壮而伟大！"认真去审视孙老师的课堂实录，我们会发现，这样的评价语很精细而且在课堂中已经形成一种风格，如果字斟句酌地去看这些评价语，会发现评价真的非常精彩，更难得的是评价语在课堂环节中有支撑作用。如在总结学生对"冷酷无情"的体会时，孙老师说："太过冷漠，太过苛刻，失败之痛，作证之痛，痛上加痛！而斯科特等人的选择是什么？"不但高屋建瓴地总结了学生的回答，而且巧妙地引出了下一个环节的问题。又如学生在体会"忠实履行"职责这个问题上，孙老师最后说道："坦然面对失败，冷静承认事实，不论内心如何痛苦，也要恪守诚信这一做人的根本。美学家朱光潜说：悲剧不仅带给人们巨大的痛苦，而更重要的是在痛苦面前，每个人的态度和方式。悲剧的全部力量就在于在艰难的抉择面前，我们的主人公，他们在崇高人格的支配下，毅然选择了人格的崇高！面对揭开世界奥秘的勇士，面对痛苦中毅然选择崇高的英雄，我们每个人又怎能不由衷地发出深沉的赞美之情。请同学们拿起手中的笔，缀文者情动而辞发，让我们以斯科特为五人的代表，以'斯科特先生，我理解您……，我敬佩您……'的句式说几句话，表达你对斯科特一行人忠实履行这一冷酷无情的责任的敬意。"评价语真诚，总结语虽字斟句酌但却不露痕迹，名师风范，就在于此。

而在教学手法上，孙老师一丝不苟，可用五个字概括其执行原则：①"全"：目标不遗漏（朗读与表述结合，从文章字词着手，而后进入文章情节，引导学生体会主题）。②"深"：学习的目标到位（主题挖掘极深，不但解决了"悲剧"的主题，更延伸出"伟大"的内涵）。③"优"：教学方法的选择始终建立在心理学的基础上（符合学情，课堂调动充分，老师上得出彩，学生听得投入）。④"新"：教学方法求新（借助音像进行课堂导入，巧妙使用课堂配乐，师生合作形式多样，拓展型的课堂结尾）。⑤"真"：教学内容尽最大可能涉及真实世界（如让学生充分感知南极点的寒冷以及体会人物心情，使人有身临其境之感）。

王崧舟老师曾经说，一堂好的语文课最高境界就是"人即是课、课即是人，境界越高，课的痕迹越淡，终至无痕。因此，课的最高境界乃是无课"。其实我的这些评价和感受与孙老师的课相比真的"无关紧要"，因为孙老师在课堂上注入了他的生命和灵魂，使课堂成为自由和率性的道场，唯有用心才能感受。

匠心让天堑变通途

山东省济南市明湖中学　李　靖

在人教版初中语文教材中，奥地利作家茨威格的《伟大的悲剧》是一篇沉甸甸的文章，如何让在电子产品包围中长大的学生设身处地体会到斯科特一行人的精神，往往让语文老师们大费周章。虽然学生们都能顺利答出诸如"绅士风度""团队精神""坚毅""执着"等关键词，但对英雄们精神的理解，还是停留在隔靴搔痒的层面上，较难产生切身的感受。这也是我教授这类与学生实际生活距离较远的作品时常常产生的困惑。

孙鸿飞老师讲授的《伟大的悲剧》，却很好地解决了这个问题。他匠心独运的设计引领学生忘记世俗喧嚣，抛开电子产品的纷扰，踏上南极冰原，与英雄们休戚与共，同甘共苦，接受了一次精神的洗礼。

首先，教师朗读《人类的群星闪耀时》第九章第一部分"征服地球"中的一段话，配以旋转的地球、迷人的南极风光等画面，让学生认识到，对南极探险家们来说，个人的勇气又结合着国家间的竞争。勇士们不是仅仅为夺取极地而斗争，而且也是为了争夺那面第一次飘扬在这块新地上的国旗。教师那科教频道播音员般的朗读，配以富有视觉冲击力的图片，"神圣感""庄严感"油然而生。这就给文章的学习奠定了必要的感情基调。有了这样的情感预热，学生对文本的理解就有了一定的高度和深度。

紧接着，屏幕上出示了一幅照片，展现的是斯科特一行人在茫茫雪原上近距离看到挪威国旗的情景。在教师的引导下，学生投入地朗读斯科特的日记选段，很多孩子的表情变得严肃，他们渐渐沉入文本，与英雄们同呼吸，共命运。

接下来，教师引领学生品读"热情高涨""冷酷无情"等词语的含义。学生时而展开想象，描绘勇士们行走在南极冰原上欣喜的神情态度，行动步伐；时而用崇敬的话语诉说对英雄们的理解和敬意，"斯科特先生，我理解您……"；时而表情肃穆，体会斯科特在生命最后一刻把"我的妻子"改成"我的遗孀"时的痛苦与无私……最后，全班起立齐声朗读全文结尾的点题句，对文本主题的挖掘水到渠成，顺理成章。学生的情感也在品读体悟中得到升华。

《课标》提出："欣赏文学作品，有自己的情感体验，初步领悟作品的内涵，从中获得对自然、社会、人生的有益启示。对作品中感人的情境和形象，能说出自己的体验；品味作品中富于表现力的语言。"孙老师的这节课，生动诠释了课标的精神，实践了课标的要求。纵观孙老师的课，有三个"贯穿始终"："品读"重点词句，口头小作文，教师独具风采的深情朗诵。尤其是孙老师的朗诵，句式整齐而富有文采，体现了一位资深语文教师扎实的功底。同时，烘托悲壮气氛的音乐恰到好处，适时响起，很有感染力，让听课者无不动容。

但更让我佩服的是，孙老师对整堂课的设计，开头有高度，奠定感情基调；中间有力度，几次口头小作文引领学生逐渐深入英雄的内心世界；结尾有深度，学生在悲壮的配乐中，全体起立齐诵点题句，深受触动，情感升华。这一设计架设了学生生活和探险世界的桥梁，巧妙引领学生在不知不觉中跟随勇士们的脚步来到南极的茫茫冰原，仿佛切身感受到英雄们在面临从心灵到身体的巨大打击时所表现出来的勇气和力量，从中得到启示，净化心灵，达到了语文课"以文化人""以情化人"的目的。

　　"路漫漫其修远兮，吾将上下而求索"，在语文教学之路上，我们也要打造孙老师这样的匠心，通过自己的精心设计，把学生与作品之间的天堑变成通途，让更多孩子的生活因语文而精彩。

·课堂实录·

《窗》课堂教学实录

执教：程　翔

师：上课！同学们好！

生：老师好！

师：好，请坐。我很高兴今天有这个机会和大家在一起上一堂课。我们这节课叫做探究课。你们是高二的学生，现在要学习的这篇文章是初中的。那么，高二的同学来学习初中的文章，就不是常态的学习方式了，应该是探究。你们课前已经看过了，现在抓紧时间再看一遍。

（生看课文，师板书）

【板书】

《窗》探究课

一、确定文体

二、阐述依据

三、探究写作意图和手法

师：好了。现在大家看黑板。我们这节课要干的事情，主要有三件：一是确定文体，你们来探究《窗》的文体是什么；二是阐述确定文体的依据；

三是找出败笔。无论确定它是什么样的文体,你一定要有充分的依据、充足的理由,让大家能够接受。现在做第一件事,来确定文体。学习的方式是小组合作。可以个体探究,也可以小组探究。开始。

(学生互相讨论探究)

师:好,停下来。请同学来说一说。你们这一组吧。

生:我们认为这是篇小说。

师:小说。有不同意的吗?这位同学说说你们这一组的观点。

生:也是小说。

师:后边那个同学。

生:我们组也认为是小说。

师:最后边这一组。

生:我们组也认为是一篇小说。

师:高度统一。有不同意见吗?

生:没有。

师:好的。大家的意见很一致,就是小说。好,那我们接着就进入到第二个环节了,说说理由。还是分组进行探究,开始。

(生分组讨论探究)

师:好,停下来,同学们。哪个组同学想要发言?

生:小说三要素是人物、故事情节、环境。《窗》这三个要素都具备。

师:好,你坐。你的回答不能说服我。好多文章都有人物啊,是吧?相当一部分文章是有故事情节的,很多很多的文章都有环境啊,你们学过《从百草园到三味书屋》,人物、故事情节、环境都有啊,是小说吗?

生:不是。

师:看来,仅有三要素不能解决问题。大家再看一看课文,再商量一下。如果你们带手机来了,可以上网查找。

(生再次讨论)

师:好啦,停下来吧。有没有同学要发言?

生:它是虚构的。小说都是虚构的。

师:这位同学说了一个关键词。

221

【板书：虚构】

生：虚构。

师：对了。虚构是小说的本质。《从百草园到三味书屋》是写实的，文中的人物、情节和环境是客观存在的，是作者的回忆，有据可查，它不是小说。小说是虚构的。这个问题算是解决了。有没有新问题产生？

生：凭什么说《窗》是虚构的？

师：问得好！这就开始递进了，开始进入真正的探究了。

生：文中一段描写了不靠窗病人的心理。

师：哪个地方？你来读一读。

生：第6段。

师：好，你来读。

生：一天下午，当他听到靠窗的病人说到一名板球队员正慢悠悠地把球击得四处皆是时，不靠窗的病人，突然产生了一个想法：为什么偏是挨着窗户的那个人，能有幸观赏到窗外的一切？为什么自己不应得到这种机会？他为自己会有这种想法而感到惭愧，竭力不再这么想。可是，他愈加克制，这种想法却变得愈加强烈，直至几天以后，这个想法已经进一步变为紧挨着窗口的为什么不该是我呢？

师：好。你凭什么说这一段心理描写就是虚构的呢？

生：不靠窗的那个病人心中所想，作者是怎么知道的？肯定是作者虚构出来的。

师：很好！同学，你很聪明！作者怎么知道人物内心所想的？同学们读小说，一定要注意，作品中人物的心理变化，作者是不可能知道的，必须借助虚构才能写出来。《红楼梦》中林黛玉的心理变化，曹雪芹是如何知道的？是虚构出来的。中国古代小说，心理描写并不突出，到了《红楼梦》就不一样了。鲁迅的小说《狂人日记》《伤逝》《祝福》等，都有大量的心理描写。这些心理描写都是虚构的。

师：是不是说凡是心理描写的内容就一定是虚构的呢？

生：不一定。

师：很好。那是不是说，没有心理描写的作品就不是虚构的呢？比如

《雷雨》。

生：也不一定。《雷雨》肯定是虚构的，它是话剧，是文学作品。话剧是通过对话来表现人物和主题的。

师：说得好。语言形式很重要，小说的语言形式不是对话体，不是韵文体，韵文有诗歌和戏曲，而是叙述体语言（板书：叙述体）。至此，我们可以小结一下了。为什么说《窗》是小说呢？谁来小结？

生：由人物、环境和情节构成的，运用叙述体语言，经过作者虚构的文本，就是小说。

师：所以，童话也是小说，比如《皇帝的新装》。以上，我们的探究有没有收获？

生：有。

师：接下来，我们继续找虚构的内容。同学们看一看这篇小说，还有哪些内容提醒你，它是虚构的？

生：我认为下面的内容也是虚构的：

一天晚上，他照例睁着双眼盯着天花板。这时，他的同伴突然醒来，开始大声咳嗽，呼吸急促，时断时续，液体已经充塞了他的肺腔。他两手摸索着，在找电铃的按钮，只要电铃一响，值班的护士就立即赶来。

但是，另一位病人却纹丝不动地看着。心想，他凭什么要占据窗口那张床位呢？

痛苦的咳嗽声打破了黑夜的沉静。一声又一声……卡住了……停止了……直至最后呼吸声也停止了。

另一位病人仍然继续盯着天花板。

师：说说理由。

生：不靠窗的病人见死不救。这不太符合常理。

师：有道理。（板书：不合常理）我们在医院里，看到同病房的病友快要死了，就忍心见死不救吗？能做得出来吗？做不出来。举手之劳嘛！但是这个人就是见死不救。这就叫反常。这种反常现象暗示我们，它是虚构的。既然是虚构的，那不就是假的吗？一篇造假的小说，我们有必要学习吗？请同学们讨论。

223

（生小组讨论）

师：谁来回答？

生：虽然是虚构的，但表现了深刻的主题。

师：好！也就是创作意图。作者想表达怎样的意图呢？

生：表现靠窗病人的善良吧？

生：是表现人性。

师：什么人性？

生：就是，我说不好。

师：请同学们把"机会"这个词圈起来。"为什么自己不能得到这个机会？得到这个机会的为什么偏偏是他而不是我呢？"你是如何理解"机会"这个词的？

生：我觉得"机会"就是人生的利益吧。

师：很好。（板书：机会——名利）人们为了追求名利，很可能会产生嫉妒心理。是不是这样？

生：是的。

师：你们可以举出很多例子。比如，他评上三好生了，我没评上，我很可能产生嫉妒心理。这篇小说把这种心理放大了，达到了见死不救的程度。可见，人性在嫉妒心理的驱使下会被扭曲，会变形。这很可怕，我们要警惕。虽然故事情节是虚构的，但虚构不等于虚假。作者要表达的主题思想是真的。这就是艺术表现规律。那么，不靠窗的病人想不想控制住自己的想法呢？

生：想过，但是没有控制住。

师：对。这还是人性的表现。说说你们的认识。

生：不靠窗的病人头脑里面有一个魔念，这个魔念对他控制得越来越深，他已经陷到里边去了。

师：很好！这就是小说笔法，细致地表现人物内心世界。同学们，我们的探究越来越深入了。还有没有虚构的内容呢？

生：我觉得第1段也是虚构的。第1段写两人经常谈天，一谈就是几个小时，对于病重的两个人来说，他们竟然有时间一谈就是几个小时，而不去静养？我觉得这个地方是虚构的。

师：有道理。

师：孩子，你们想一想，不能听收音机，却能谈几个小时？

生：显然不合常理。

师：对呀。为什么这样虚构？

生：这样虚构作者才能顺着这个情节写下去。

师：对，很好，孩子，你明白了。不这样写就不会有后边的内容，是不是啊？

生：是。

师：所以我们用一个词来表示——

生：设置情境。

师：太好了！

生：老师，我还有发现。

师：还有？好，你说。

生：还有一个地方，就是第4段和第15段。

师：你说。

生：第15段写病人看到的只是一堵墙，但是在第4段他的同伴给他描述得太好了。

师：哦，描写得太好了。为了达到什么目的？

生：形成巨大的反差。

师：很好，很好。这就说明了你真动脑筋了，你真在探究了。很好，还有要说的吗？

生：没有啦。

师：好，你请坐，其他同学有没有要说的？我觉得你们应该向这位同学学习。好了，同学们，我们现在可以说有了比较充分的依据来证明这篇文章的文体是小说，因为它是虚构的。很多地方是虚构的。同意不同意？同意的举手。（全体举手）好的，大家都同意。我们知道，这篇小说表现的是人性。那么，作者只是表现这两个病人的人性吗？

生：不是，具有代表性。

师：（板书：代表性）谁代表谁？

225

生：病人代表普通的人。

师：我觉得你开窍了。仅仅是病人具有代表性吗？你看作者写的这个大的环境——医院，有没有代表性？

生：有。代表所有的单位。

师：病房，有没有代表性？

生：有。

师：床位，有没有代表性？难道你觉得这个小说只是在写医院吗？只是在写病床吗？

生：它是由一个最简单的事物然后代表一个大的方面。

师：你说具体一点。

生：不靠窗的病人争"床位"，这个"床位"代表利益。

师：有道理。它不是普通的床位，它具有象征性。（板书：象征性）这叫什么手法？

生：托物言志。

生：借物喻人。

生：以小见大。

师：我告诉你们——"隐喻"。（板书：隐喻）隐喻，或者说象征，是小说创作的一种手法。这里的"床位"已经不仅仅是床位了，它象征着利益和名利。这是本节课学习的重点。本篇小说还有一个突出的写作手法，能看出来吗？

生：对比，衬托。

师：很好！两个病人形成了鲜明对比。作者用死去的那个病人来衬托靠窗的病人。同学们，到此为止，我们比较清楚地认识到了这篇小说的特点，和我们在这节课开始的时候相比，我们是不是进步了很多？

生：是的。

师：当然，这篇小说的特点并不能代表所有小说的特点，每篇小说既有共性，也有个性。最后，我布置一个作业：这篇小说是有败笔的，你们课下去找。好，这节课就上到这里。下课。同学们再见！

生（起立）：老师再见！

·听课回响·

语文课堂必须真探究，才能提升学生思维能力
福建省泉州市泉港区第二中学　庄美珍

欣赏了程翔老师《窗》的课堂教学，我感觉可用两个词来形容这一节课，一个是"朴素"，一个是"深邃"。说它朴素，是因为教学内容明明白白，教学过程清清楚楚，教学方法平平常常，教学效果实实在在。说它深邃，是因为这是一节名副其实的探究课，在程翔老师看似波澜不惊实则精心设计的引领中，学生思维火花四溅，思维能力在探究中不断获得提升。

一、探究方向，明确。

程老师一上课，就开门见山："我们这节课叫探究课，请同学们用两分钟，把课文再看一遍。"在学生看课文的间隙，他在黑板上奋笔疾书：

《窗》探究课
 一、确定文体
 二、阐述依据
 三、找出败笔
 四、课下探究

写完后，他又直截了当地告诉学生："我们这节课主要干的事情，是三件事：一是确定文体，二是阐述依据，三是找出败笔。"然后他对每个环节再用两三句话简要补充。一节课就这样拉开了探究的序幕。我以为，程老师这样的导入可以说简洁明了。学生一看板书，一听介绍，一下子就明白了本节课要探究的内容，明确了探究的方向，接下去就能跟着老师往下走了。

反观我们的课堂教学，有时候，老师在导入这一环节，打着激发学生兴趣的旗号，可谓绞尽脑汁：故事导入，音乐导入，画画导入等等。于是，课堂教学在轰轰烈烈或妙趣横生的场面中展开了。当然，之后的课堂教学若能

与开场一样，那是再好不过了。但是如果开场用力过猛，后面索然无味，倒不如备课时让导入简洁明了，而把备课精力放在教学重点处，岂不是更好？本节课要掌握哪些内容，如能像程老师一样清楚告知，我想，学生心里有底，学习积极性哪能不高？

二、探究过程，有序。

《窗》是一篇很有特色的小说。程老师曾在《小说〈窗〉的理解与教学》一文中说过："教师大都把理解人物的善与恶作为教学重点，这固然可以，但是善与恶的主题是显性的，以理解和掌握这个主题为教学内容，很容易上成道德说教课。其实这篇小说最大的特点是：用隐喻的手法揭示人性之恶。阅读这篇小说，重点是学习隐喻的手法。"

怎样引导学生探究"隐喻"这种手法？程老师就选择了从"确定文体"入手。关于"确定文体"这部分的探究，学生很快就给出了一致的答案——小说。接着，程老师开始了本节课的第二项探究内容"阐述依据"。课堂上是如此演绎的：

师：第一件事比较简单，第二件事就不是那么简单了。你们能否用充分的理由阐述这是一篇小说？

生：小说三要素是人物、情节、环境，而这篇文章三要素都具备。

师：首先就不能说服我，你说是不是好多文章都有人物，相当一部分文章都有情节，很多很多文章都有环境。这是构成小说最本质的因素吗？由此可见，你们暴露了一个问题，你们对小说的认识是有问题的。你们并没有认识到小说这种文体最本质的问题。探究是要深入下去的，是要抛开老师过去传授给你们的那些东西……找一找，哪里提醒你这就是一篇小说？

生：说它是小说的原因，是因为它是虚构的，它不像是我们现实生活中能真正发生的事情。

师：他说了什么，同学们？虚构。你怎么能证明它是虚构的？

至此，"虚构"的口子打开了，学生在程老师的引导下迅速地对各个文段进行挖掘，一个比一个回答更加深入，探究氛围愈加浓厚。"你怎么能证明它是虚构的"这一问题的探究结果很明朗了，第二件事的探究可算是圆满了，可程老师并没有就此打住，他说："但我觉得我们探究得不够，还得深入地探究，就像潜水一样，要潜到水的深处。既然是虚构的，作者为什么要这样虚构?"学生的思维再次被激活起来了，于是，学生又谈到了人性，程老师继续追问："他又是用什么手法来表现人性的？"之后，本篇小说的教学重点"象征"（象征和隐喻在西方基本是一致的）这一小说创作的方法就在探究中呈现出来了。它的主题也在有序的探究中为学生所理解：我们对自己内心深处人性恶的一面如果不加以警惕的话，这个恶的一面就像是一个魔鬼，会把我们美好的东西全都破坏掉了。

最后程老师进行了总结："小说作家的敏锐之处就在于他揭示出了这样的人性，而且又把这种人性做了进一步的延伸，当然这个延伸是虚构的，但这个虚构不等于虚假。因为这种人在生活中的的确确是存在的，尽管可能数量不多。另外他提醒我们，一旦我们有这种想法，就要及时遏制，不要让它发展下去。同学们，我们到此为止是不是比较清楚地认识到小说的本质特征了？我们刚开始说的小说特征是三要素，那太浅表化了。"

纵观整节课，我们不难发现，若要让学生能做到真正的有效探究，老师首先要准确把握文章的教学重点，就如程老师，他确定的教学重点是象征这一创作手法。其次，引导探究的问题必须紧紧围绕教学重点设计，由浅入深，这样学生的思路才会一个环节接着一个环节展开。就如本文探究的问题，从"这篇文章的文体是什么"，到"为什么说它是小说"，到"你怎么能证明它是虚构的"，到"为什么要虚构"，再到"用什么手法虚构"，这一系列的问题是有梯度的，一步一步地让学生向文章纵深处迈进，使得整节课的教学在追求简单中达到了深刻。于是，学生的思维能力在有序的探究中提升了。要知道，语文学科素养中相当重要的是思维能力。

三、探究欲望，强烈。

要做到真探究，我认为，光有明确的探究方向和有序的探究过程是不够的，老师还得激发学生强烈的探究欲望才行。做到这一点，是需要老师用心、用情的。

记得主持人卢红伟在介绍程老师的时候，不吝溢美之词："……我们钦佩于他课堂上展示出来的丰富的知识和儒雅的气度，我们痴迷于他脸上自然的微笑和堪称专业的朗诵。"是的，程老师整节课呈现给学生的声音、笑容，让人听了、看了很舒服。课上，他弯下身子微笑着问了一个女生："你找到了吗？还没找到。那就听听别人的，好吗？"当一个男生分析得有深度的时候，他立刻给了一个评价："我知道你很善于动脑筋，你将来前途无量。"你想想，回答不出来的听了他的话，不会尴尬，甚或暖暖的；回答好的，有了他的评价，豪情满怀，那是肯定的。整节课，面对这样的老师，学生哪能没有探究的欲望？

纵观整节课，我们还能发现，程老师正如主持人所说"是一位有真才实学的大家"。有真才实学，老师才有深度，才有资格配得上"真性情"三个字。有真性情，老师才能有本事带着学生真探究。培根说："凡有所学，皆成性情。"陈日亮老师读到此句，也颇有感触："但有不少语文教师之所学，竟成不了性情，却成了惰性。"的确如此，惰性阻挡了我们老师探究的脚步。老师若没有探究欲望，止步不前，学生何来探究欲望？因而，追本溯源，激发学生强烈的探究欲望，得从激发老师自身的学习欲望与探究欲望开始，因为学生是跟着老师走的。所以，当务之急，我们得潜心研究，做一个有真才实学的语文老师，像程老师一样。

程老师能让一节课在朴素中见深邃，于简单中见深刻，了不起啊！在课上他还这样说："语文课的逻辑性、严密性、缜密性一点儿也不亚于数理化，千万不要认为语文课可以大概了解，绝对不行。它是非常严肃的，非常严密的。"听他此话，再仔细回想他整堂课引领学生探究的点点滴滴，不能不让人佩服！程老师的这节课分分秒秒都在提醒我们：语文课堂必须真探究，才能提升学生的思维能力。

简约本真，谓之大成

安徽省合肥市第七十中学　李莉萍

去年有幸参加了一次人文教育论坛活动，学习结束后内心久久不能平静，感叹于那些名师与学生思维碰撞的精彩火花，也感慨自己的教学课堂单一乏味。这次再到济南，又可以跟许多同行一起聆听专家的讲座、教学，倍感珍惜。

为期三天半的学习日程安排得很满，虽然忙碌但是充实，转眼已经到了最后一天早晨，会堂里来的人还不多，我看见一个修长的身影缓缓移步到第一排，我仔细瞅了瞅，那不是程翔老师吗，在很多听课老师、学生都还没有到的情况下，程翔老师已经早早来到会场，做好上课的准备了。我听到其他同仁在小声的议论说此行就是想听他的课，我心里暗暗赞同。

程老师此次教授的篇目是小说《窗》，正式开始课堂教学了，我也和学生们一样正襟危坐，仔细聆听。程老师先让学生快速浏览课文，然后以四个问题贯穿课堂教学：①确定文体　②阐述依据　③找出败笔　④课下探究。

第一个问题虽然简单，学生也很容易就回答出来了，但是我明白程老师此举是希望学生明确文体，只有文体明确了，阅读才更有针对性，才能提高有效阅读能力。就如程老师点拨学生时所说的，读文章要以解读文学作品的规律去读，以不同的文体规律去解读。

紧接着，程翔老师让学生解决第二个问题，要他们说一说是以什么依据来判定文体的。这下学生被难倒了，他们虽然能很快确定本文的文体是小说，但是高中学生在阐述依据的时候依然如初中时一样，给出的答案是小说的三要素。很显然这个答案是浅表的，这也恰恰印证了程翔老师在后来的讲座中提到的很多老师文体特点的教学是不到位的。他并没有批评学生，而是给学生充分的时间再想一想。说实话听到这里，我也不禁产生疑问，什么才是确定本文是小说的最根本、最关键的依据呢？三要素是浅表的，那什么才是最根本、最本质的特点？

在学生深刻思索再加上老师的悉心引导后，有学生准确回答了出来，"这篇小说是虚构的"。程老师带学生进一步深度挖掘："没错，虚构是小说的最本质特点，那么哪里看出来本文是虚构的呢？"学生带着这样的问题又再次回归文本。

"假如自己在医院的病床上，是什么心理？"

"想早日康复。"

"而主人公不是想着康复而是窗外，这种心理是反常规的。"

"除了第 6 段是虚构的，还有其他段落吗？"

231

这时候学生纷纷像开了窍一样，找出小说中很多段落细节都是虚构的，与现实是不符的，是作者故意那么写的。当时我心里就在想：优秀的教师真是善于把握学生的思维节奏，引导学生去探究，善于调控学生学习的心理步伐，让学生想得深刻，学得轻松。学生在问题探究的过程中明白了小说的虚构性、反常规的特点，自然也就明白这是作者有意而为之。

"作者为什么要这样虚构？"哦，原来与作者所要表现的主题是息息相关的，那就是人性。小说作家敏锐之处就是揭示人性，运用对比的手法将两个人的善与恶放大。这样的点拨让学生豁然开朗，也突然明白原来小说中的那个"床位"已经不仅仅是一张病床那么简单了，而是象征着一切机会。

由于时间的关系，课堂上第三和第四两个问题没有时间再进行深入探讨，不过师生对前两个问题的探究已经足以让整堂课精彩纷呈。

纵观程老师的课堂，从导入到研读，从目标到环节，从提问到评价都做得简简单单。但恰恰是这种朴实凝练的课堂教学达到了一种简约而有效的教学效果。它不仅表现在形式上的简洁明了，更体现在教学内容、教学方法与思维训练上的深入浅出、通俗易懂。这节课在程老师的循循善诱与学生的积极思考中深入升华，深度与厚度并存，思维与技巧同具。真可谓简约本真，谓之大成。

反观自己的教学过程，无论是教学方法还是对学生的点拨启发都有很多不足。我要以程老师为榜样，目标小一点，过程实一点，摒弃华而不实的表演，积极提升自己，做名本真教师，回归本真课堂。